LES
PRÉTENDUS.

Paris. — Imprimerie BOULÉ et Cⁱᵉ, rue Coq-Héron, 3.

LES
PRÉTENDUS

PAR

M. FRÉDÉRIC SOULIÉ.

I.

PARIS.
AU COMPTOIR DES IMPRIMEURS-UNIS,
QUAI MALAQUAIS, 15.

1843.

Le Maître du Château.

I.

Le château de la Viguerie est situé à deux ou trois lieues au dessous de Rouen, à mi-côte de cette suite continue de collines qui borde la Seine d'une ligne parallèle au fleuve. Le plus souvent, le versant de cette longue chaîne descend doucement jusqu'à la rive en s'ondulant comme un vaste falbalas de verdure. Quelquefois, cependant, la colline se dirige vivement vers la Seine comme pour l'arrêter; mais elle se brise tout-à-coup à son bord, droite comme un mur et façonnée par le temps en mille figures diverses. Beaucoup de ces grandes anfractuosités affectent des formes bizarres : les unes ressemblent à des ruines de vieux châteaux ; d'autres, rongées par la base et amenuisées presque jusqu'à leur sommet, sont comme des figures de géant coiffées d'un vaste turban; d'autres encore se dressent comme des tours rondes et colossales.

Au plein soleil du midi, ces roches blanches ont un reflet triste et monotone; mais quand le crépuscule et la brume du soir les enveloppent, elles prennent l'aspect de monumens formidables et magnifiques. On dirait que c'est une de ces villes monstrueuses née des rêves fantastiques de Martins.

Le château dont je parle est sur la rive droite, au sommet d'un de ces profonds et vastes plis dont le fond est tapissé de riches prairies abritées par de grands bois qui s'élèvent sur leurs hanches arrondies. Le parc s'étend du château jusqu'au fleuve et n'en est séparé que par la chaussée qui court le long de la rive. Un saut de loup sert de clôture en cet endroit, et le parc communique à la route d'abord par une petite porte en pont-levis, qu'on ne peut abaisser que de l'intérieur et qui est posée à un angle du parc, et en outre par une magnifique grille ouvrante sur un pont en pierre assez large pour que les voitures puissent y passer.

C'était un dimanche de l'été 1840, il était à peu près huit heures du matin, lorsqu'un homme de quarante-cinq ans environ quitta le bord de la Seine et se dirigea vers le petit pont-levis, qui était baissé à ce moment. Cet homme était chargé de tout l'attirail d'un pêcheur à la ligne, et le sac en filet qu'il tenait à la main prouvait qu'il n'avait pas perdu son temps. Il avait déjà traversé la route et allait poser le pied sur le petit pont pour rentrer dans le parc, lorsqu'il entendit le bruit d'une voiture menée grand train par quatre chevaux de poste. Notre individu, par cet instinct machinal de curiosité qui dans la solitude de la campagne s'attache à la moindre rencontre, voulut voir qui voyageait avec cette magnifique rapidité; mais avant d'arriver jusqu'à lui, la voiture s'arrêta devant la grille, où les claquemens du fouet du postillon amenèrent bientôt un jardinier qui ouvrit, et la voiture entra dans le parc et se dirigea vers le château. Le pêcheur qui était resté à examiner cette pompeuse arrivée était encore sur le pont-levis à se gratter le front pour tâcher de deviner à qui pouvait appartenir le riche équipage qui entrait chez lui, lorsqu'une seconde voiture de poste moins brillante que la première parut encore à l'extrémité de la chaussée, arriva de même jusqu'à la grille et pénétra immédiatement dans le parc.

Un petit mouvement d'humeur se manifesta sur le visage du pêcheur, et il venait de fermer avec une certaine vivacité le petit pont-levis qui lui avait servi d'issue, lorsqu'une troisième voiture qu'il n'avait point aperçue au loin dans les flots de poussière soulevés par les deux autres, entra encore dans la grande allée et passa devant lui avec une foudroyante rapidité. Celle-ci n'était qu'un tilbury conduit par un jeune homme de dix-huit à vingt ans, et accompagné par un groom assez peu à la mode.

La grille s'était refermée, et le jardinier

retournait à son ouvrage, lorsque notre pêcheur passa devant lui.

— Salut, monsieur, lui dit Guillaume (c'était le nom du jardinier); il paraît que la pêche a été bonne ce matin?

— Ah çà! pourquoi dévastes-tu ainsi mes rhododendron et mes kalmias? dit le pêcheur; voilà déjà une charretée de fleurs que tu as coupées depuis ce matin.

— Dam, monsieur, fit le jardinier avec ce sourire moqueur d'un homme qui est le maître dans son ménage et qui parle à un homme qui n'est que le très humble serviteur dans le sien; dam, madame m'a ordonné hier de garnir tous les vases et de renouveler toutes les jardinières ; car il paraît qu'il y aura grand monde aujourd'hui au château : monsieur doit bien le savoir.

Le *monsieur doit bien le savoir* voulait dire très clairement : « Quoique monsieur n'en sache rien, » et la réponse de M. Ménier ne fit que confirmer cette signification, car il répliqua :

— Oui, oui, le dimanche j'aime à voir quelques personnes, quoique je trouve très inutile de dévaster ainsi les parterres pour fleurir le salon ; le salon d'une campagne, c'est le jardin. Mais ma femme aime cela, et pour un jour il n'y paraîtra pas.

— Dam, monsieur, reprit le jardinier, madame m'a ordonné de renouveler les fleurs tous les matins pendant plusieurs jours, et il ne faudra pas que ça dure une semaine pour que tout y passe.

M. Ménier ne répondit pas, et, après avoir jeté un regard de regret sur la brouette de fleurs coupées, et avoir levé ce regard jusqu'au ciel, comme pour le prendre à témoin de sa non-complicité dans ce gaspillage barbare, il regagna lentement le château, tandis que le jardinier murmurait entre ses dents :

— S'il prenait fantaisie à madame de lui faire couper un doigt pour le mettre dans un vase du Japon, je crois qu'il se laisserait faire sans mot dire.

M. Ménier arriva tout pensif jusqu'aux abords des communs; il examina, en les traversant, les voitures nouvellement arrivées, et qu'on remisait après les avoir déchargées d'assez nombreux paquets, pour lui prouver que ceux à qui elles appartenaient comptaient faire chez lui un long séjour. Cependant cet examen parut lui apporter quelque consolation. Il sourit d'un air de satisfaction à l'aspect de la calèche modeste, sur le panneau de laquelle était peinte une couronne de comte avec cette devise : *J'y vais.*

—Bien, bien, murmura tout bas M. Ménier.

Le tilbury n'avait aucun signe distinctif, mais le châtelain reconnut le vieux groom qui le dételait, car il lui dit d'un air de bonhomie :

—Ah! Victor est ici, tant mieux; j'en suis charmé.

Ce ne fut que lorsqu'il arriva devant le splendide coupé, qui était entré le premier dans le château, que M. Ménier prit un air mécontent, tandis que le domestique, qui s'occupait de cette voiture, trompé par la blouse de toile grise et les souliers ferrés du châtelain, lui criait en le regardant pardessus l'épaule :

—Hé! Jean de la Ligne, aidez-moi donc un peu à descendre cette malle.

M. Ménier se retourna vers un palefrenier qui lui appartenait, et lui dit le plus froidement du monde :

— Jean de l'Etrille, va-t'en prévenir M. le marquis du Luc que son valet de chambre a besoin de quelqu'un pour porter ses paquets.

Le palefrenier s'était avancé la casquette à la main, et cette marque de respect avait averti suffisamment le valet de chambre de sa gaucherie. Celui-ci se confondit en excuses vis-à-vis de M. Ménier; mais le coup avait porté, et notre pêcheur, qui n'était point du tout disposé en faveur de M. le marquis du Luc, se promit de contrecarrer ses projets, parce que le valet de chambre du marquis lui avait trouvé la tournure d'un malotru.

Pour bien faire connaître M. Ménier à nos lecteurs, nous allons le suivre pas à pas dans ses diverses visites.

La Maîtresse du Château

et

Les Visiteurs.

II.

Il quitta la cour, entra dans la cuisine, et d'un air assez mécontent, il jeta son filet sur la table en disant :

— Tiens, Catherine, voilà tout ce que j'ai pu attraper aujourd'hui.

Catherine était une grande fille d'une trentaine d'années, riche en vermillon, en beaux cheveux noirs et en dents blanches, large d'épaules, bien campée sur ses hanches.

Quoique cuisinière, elle était luisante et propre comme une femme de chambre; mais sa vertu était encore plus robuste que ses appas, et avait résisté, non seulement aux séductions des plus beaux cochers de la maison ou des visiteurs, mais encore aux propositions légitimes d'un fermier du voisinage. Quel était le secret de cette vertu ou de ce manque d'amour, nous tâcherons de le savoir.

Catherine devina le chagrin qui tourmentait son maître, et grâce à l'adresse qu'ont toutes les femmes pour consoler le cœur lorsqu'elles le veulent, elle lui dit avec un franc et joyeux sourire :

— Ah ! mon Dieu, monsieur, que vous êtes aimable de m'apporter ce poisson; sans vous je n'aurais su comment faire déjeuner tout ce monde qui nous arrive; voilà deux superbes carpes, une anguille magnifique, des lottes d'une chair superbe; ça va nous faire un fameux commencement.

A cette énumération des richesses qu'il apportait, le visage de M. Ménier s'épanouit peu à peu, et il repartit en riant tout-à-fait :

— Et bien là, Catherine, arrange-nous cela d'une façon un peu mirobolante pour leur apprendre à faire fi du bon poisson de Seine.

— N'ayez pas peur, monsieur, vous serez content de moi, dit Catherine, et le bonhomme se retira tout joyeux en se frottant les mains, car il venait de rencontrer quelqu'un qui le trouvait bon à quelque chose. Mais ce petit mouvement de joie ne fut pas de longue durée, car, au moment où il traversait le vestibule pour remonter chez lui, une chambrière abominablement grêlée, maigre et jaune, lui dit d'une voix d'huissier :

— Monsieur, madame désire vous parler tout de suite.

L'avertissement fut très désagréable M. Ménier; cependant, il crut devoir y obtempérer immédiatement, car il redescendit les quelques marches qu'il avait montées, et se rendit, en traversant plusieurs salons, dans l'appartement de sa femme qui occupait le rez-de-chaussée d'un pavillon à une extrémité tout-à-fait opposée à celle que M. Ménier occupait au second étage de son château.

Le digne propriétaire remarqua en passant que les housses de tous les meubles avaient été enlevées, et les lustres dégagés de leurs enveloppes de gaze verte.

—Allons, dit-il en grommelant, il paraît que nous allons tenir cour plénière.

Cela dit, il entra dans la chambre de

Mme Ménier, qu'il trouva habillée de pied en cap avec une recherche exquise. A en croire le commencement de ce récit, il semblerait que Mme Ménier dût être une grande femme sèche, haute, impérieuse, et parlant à son mari avec un ton de commandement ; point du tout : c'était une petite femme rondelette, fraîche, l'œil vif, les dents sur les lèvres, courte et gracieuse de toute sa personne.

— Mon Dieu, mon bon ami, lui dit-elle de l'air le plus caressant, comme vous voilà fait à l'heure qu'il est! vous savez bien que nous avons du monde aujourd'hui et qu'on doit arriver de très bonne heure.

M. Ménier regarda sa femme comme

charmé de sa bonne grace, et lui dit en cherchant à l'embrasser :

— Et vous, vous voilà toujours jolie et déjà parée de bien bonne heure.

Mme Ménier repoussa son mari avec une douceur infinie, mais elle le repoussa et repartit :

— Vous allez vous habiller, n'est-ce pas, mon ami ? Vous savez bien que nous déjeunerons à dix heures précises dès que votre sœur sera arrivée.

— Je sais que ma sœur doit arriver ce matin à dix heures, répondit froidement le mari, mais j'ignorais que nous aurions M. de Sommerive, que j'aime fort et que je suis charmé de retrouver ; votre charmant neveu, Victor de Perdignan, dont la visite m'est fort agréable, et surtout M. du Luc, qui vient ici je ne sais à propos de quoi.

Mme Ménier fit une charmante petite moue à son mari, et reprit :

— Vous le savez parfaitement bien, mon cher ami ; n'avez-vous pas dit à qui a voulu l'entendre, que votre sœur, la belle marquise d'Houdailles, arrivait aujourd'hui même, et vous étonnez-vous que des voisins de campagne se soient empressés de se trouver à l'arrivée d'une veuve jeune, belle, riche, et probablement disposée à se remarier ?

— Je comprends cela, dit M. Ménier, pour M. de Sommerive, qui demeure à quelques lieues d'ici ; quant à votre neveu, il devait venir, et, qu'il soit arrivé soit aujourd'hui ou un autre jour, cela est de fort peu de conséquence ; mais comment M. le marquis du Luc a-t-il été si bien renseigné ?

— Je n'en sais pas plus que vous à ce sujet, dit Mme Ménier d'un air gracieux et riant, à moins que votre sœur n'ait commis quelque indiscrétion pendant son séjour à Paris.

— Clara, dit M. Ménier, n'est restée que deux jours chez ma tante Bournichon, dans le fond du Marais, et je ne pense pas que ce soit là que M. du Luc ait appris qu'elle venait s'établir ici, si toutefois c'est pour elle qu'il vient.

— C'est pour elle, et pour elle seule, jaloux que vous êtes, dit Mme Ménier avec une mine encore plus gracieuse et plus mignarde, et puisqu'on ne peut rien vous cacher, je vous dirai que c'est moi qui ai invité M. de Sommerive et M. du Luc, parce que j'ai de grands projets.

— Et quels sont ces projets, je vous prie? dit M. Ménier.

— Vraiment, répartit sa femme, vous y mettez de la mauvaise volonté; vous ne voulez pas absolument me comprendre. Quels peuvent être mes projets vis-à-vis d'une jeune veuve, belle et riche, si ce n'est de la marier, lorsque j'invite M. de Sommerive et M. du Luc, tous deux garçons, tous deux riches, tous deux bien posés dans le monde, et dignes de s'allier à notre famille ?

— Ajoutez votre neveu Victor de Perdignan à ces messieurs, dit en riant M. Ménier, et vous aurez admirablement pourvu à toutes les éventualités et à toutes les exigences du goût le plus capricieux. M. de Sommerive, quarante ans, député, conseiller d'état, aimable et grave, tournure encore élégante, quoiqu'un peu grasse, premier type de mari pour une femme raisonnable; M. le marquis du Luc, trente ans, dans toute la beauté de la jeunesse, roi de la mode, intrépide coureur au clocher, lion à tout crin, voilà le mari qu'il faut à une femme qui aimerait par hasard les fêtes et le plaisir ; quant aux dettes qu'il peut avoir, je sais qu'elles écorneraient à peine les deux cent mille livres de rentes de ma sœur, si cette union pouvait lui plaire ; enfin, notre neveu : vingt ans, point ou peu de fortune, mais un charmant visage, tournure délicieuse, un cœur qui sans doute a toutes les rêveries ardentes du premier amour ; voilà pour la femme mélancolique et passionnée, si par hasard ma sœur est de ce caractère ; aussi je doute fort qu'elle puisse échapper à son destin, et je suis sûr qu'elle sortira d'ici mariée et parfaitement mariée, grace à votre intelligente prévoyance.

— Vous êtes charmant quand vous le voulez, dit Mme Ménier, et vous venez de résumer admirablement la question, comme vous le ferez à la chambre, quand vous aurez consenti à vous laisser nommer député.

— Non pas, non pas, dit M. Ménier d'un air qui pouvait se traduire comme une épigramme cachée ou comme une franche plaisanterie, il y a cent à parier contre un que j'y serais seul de mon parti, et que je trouverais à redire aux projets les mieux combinés, comme aux vôtres, par exemple. Votre collection de prétendus ne me paraît pas complète, et cela m'étonne d'autant plus, que pour qu'il n'y manquât rien; il vous suffisait de retenir M. Cancel, qui est parti précisément hier soir.

— Oh! dit Mme Ménier, M. Cancel est l'homme le plus maussade du monde; il est en toutes choses au rebours des opinions des autres, et il n'a pas plus tôt appris l'arrivée de Mme d'Houdailles, qu'il m'a signifié son départ malgré toutes mes instances pour le retenir.

— C'est fâcheux, dit M. Ménier en reprenant le ton sardonique qu'il avait employé pour parler des autres prétendus; trente-cinq ans, beau, riche, honnête homme et, si je me le rappelle bien, fort désolé, il y a dix ans, du mariage de Clara avec M. d'Houdailles, mariage qui, du reste, fut votre ouvrage.

Un nuage d'humeur troubla un moment la grace incessante de Mme Ménier, mais elle se remit aussitôt et répondit :

— C'est un homme fort bizarre qui, je le crois, rendrait une femme très malheureuse; du reste, essayez de le rappeler, je ne m'y oppose pas.

— Je vais lui écrire à ce sujet; dit M. Ménier.

— Vous me ferez grand plaisir.

Le bruit d'une nouvelle voiture qui entrait dans la cour du château interrompit cet entretien, et, malgré les réclamations de sa femme sur sa déplorable tenue, M.

Ménier s'élança au devant de sa sœur Mme la marquise d'Houdailles.

Après avoir fait connaître à nos lecteurs les personnages destinés à jouer un rôle dans ce récit, il est nécessaire pour son intelligence que nous racontions la position des divers membres de cette famille vis-à-vis les uns des autres.

Histoire de famille.

III.

M. Ménier était le fils d'un ancien intendant du vicomte de Perdignan, l'un des
plus pauvres gentilshommes de l'Auvergne. Voici comme quoi M. Ménier père

était l'intendant de ce M. de Perdignan. Le noble et pauvre vicomte avait gardé de la fortune de ses ancêtres une maison située à peu de distance de son château. Cette maison était depuis plus de cent ans la demeure des intendans des Perdignan, et les Ménier étaient, depuis un siècle, ces intendans de père en fils. Le dernier Ménier intendant y était né, et n'avait reçu de son père que quelques milliers d'écus personnels et la gestion de la fortune délabrée des Perdignan, que sa probité n'avait pu défendre contre les folles dépenses de son maître. En cette circonstance, l'héritier de l'intendant fidèle proposa à l'héritier ruiné des Perdignan de lui louer sa maison et de rester chargé de ses affaires, qu'il promettait de rétablir. Ledit Perdignan y consentit, et avec une douzaine de mille livres de rente et un seul domestique, il conserva de cette façon un intendant comme s'il eût possédé une fortune princière.

Sur ces entrefaites la révolution arriva, le vicomte de Perdignan émigra; et ce qui lui restait de biens fut vendu et racheté par Ménier, l'intendant gratis. Mais celui-ci était un homme intelligent; il se jeta dans les entreprises, amassa quelques capitaux; en 1795 il épousa une fille de manufacturier, avec la dot de laquelle il étendit ses opérations, qu'il dirigea si bien qu'en 1814 il possédait une des plus grosses fortunes de la France. Il avait alors un fils qui est le Ménier pêcheur que nous avons présenté à nos lecteurs au commencement du premier chapitre, et qui était alors un gros garçon de dix-huit ans, d'un esprit doux et réservé, incapable d'augmenter la fortune de son père par d'habiles entreprises, mais également incapable de la diminuer par de folles dépenses ; en outre de ce fils, M. Ménier devint père, en 1815, d'une fille, qui devint la marquise d'Houdailles, qui est aussi un des personnages de ce récit. Voici comment cela arriva.

M. de Perdignan rentra de l'émigration avec un fils et une fille, et pour toute ressource une charge de gentilhomme de la chambre. M. Ménier voulut restituer à son ancien maître les terres qu'il avait achetées ; mais le noble vicomte refusa, et par une singulière contradiction il consentit à emprunter de l'argent à M. Ménier en attendant, pour le lui rendre, la grande réparation que le roi devait nécessairement accorder aux gentilshommes, qui s'étaient ruinés pour lui. Cette réparation arriva. Ce fut le fameux milliard d'indemnité; mais la part de M. de Perdignan y fut malheureusement restreinte à ses droits réels, si bien qu'il devait plus qu'il ne recevait. Cependant, Edouard Ménier était devenu un homme de trente ans, et Mlle Claire Perdignan avait atteint sa vingtième année. Elle se persuada qu'il était convenable et noble de payer de sa personne les dettes paternelles; elle laissa comprendre à Edouard Ménier que sa bonhomie, son esprit, sa probité la feraient passer sans trop de déplaisir par dessus son air lourd, sa tournure gauche et surtout son horrible nom de Ménier. Edouard le crut, et le fils de l'intendant apporta cent mille francs de rente à la fille de son ancien maître. Voilà du moins comme les choses se passèrent en apparence : on était alors en 1826.

Nous avons dit cependant que M. de Perdignan était rentré avec un fils et une fille. Ce fils, de beaucoup plus âgé que sa sœur, était entré dans les gardes-du-corps et s'était marié en 1819 avec une bonne et aimable femme, pauvre comme lui, mais fière et noble comme lui; au moment de partir pour la guerre d'Espagne, notre officier devint père d'un fils qu'il ne devait plus revoir, car ce Perdignan fut assassiné du fond d'une haie dans cette promenade militaire où personne ne fut tué. La mère de Victor, car cet enfant est le Victor qui venait d'arriver en tilbury chez son oncle Ménier, ne survécut pas long-temps à son mari, et l'enfant demeura entre les mains du vieux vicomte de Perdignan, qui lui laissa en 1828 son titre de pair de France et ses douze mille francs de rente. Ces douze mille francs, administrés par son oncle Ménier, avaient produit un revenu de vingt-cinq mille francs en 1840, sans que le jeune homme se doutât de la générosité d'un homme qu'il n'aimait que de cette affection nécessaire que les pupilles ont pour les tuteurs.

Le jeune Victor était Perdignan jusqu'à la moëlle des os; il trouvait sa jolie tante horriblement malheureuse de s'appeler Mme Ménier, et comme elle le considérait comme l'héritier probable de l'immense fortune de son mari et qu'elle le gâtait en conséquence, Victor avait pour sa tante un culte qui le rendait moins aimable pour son oncle et son bienfaiteur. Mais cette espèce d'ingratitude n'avait jamais pu lasser la bonté patiente de M. Ménier. Le bonhomme avait découvert les excellentes qualités de ce jeune homme sous la mauvaise écorce d'une éducation mal dirigée, et il attendait sans le presser, mais en le surveillant, l'instant où son contact avec la vie réelle apprendrait à Victor où sont la véritable grandeur et la sincère noblesse. Mais nous avons encore une histoire à raconter, c'est celle de la marquise d'Houdailles : c'était la petite Ménier qui venait de naître à l'époque de la rentrée des Bourbons ; elle fut élevée dans un pensionnat et y demeura jusqu'en 1830, époque où son père, (qui vivait encore, et dont sa belle-fille Claire Ménier était devenue l'idole en lui faisant faire toutes ses volontés,) la donna en mariage, après deux mois de séjour dans sa maison, à M. le marquis d'Houdailles, vieillard fort riche, fort noble et très bon, qui emmena sa jeune épouse en Auvergne, où il mourut en 1839. Mme d'Houdailles voulut passer le temps de son deuil en province et ne consentit à venir s'établir chez son frère que lorsque ce deuil eut épuisé toutes les teintes depuis le noir absolu jusqu'au gris le plus clair.

Voici donc tous nos personnages connus, quant à leur position et à leurs titres, les voilà tels que le monde les racontait, mais on pourrait peut-être mieux les connaître encore en se demandant pourquoi Mme Ménier s'était en 1830 si activement occupée à pourvoir sa belle-sœur, et pourquoi cette matrimoniomanie la reprenait avec une nouvelle activité du jour que Clara reparaissait chez elle.

La belle Marquise à marier.

IV.

Si nos lecteurs ont bien voulu nous suivre dans le vestibule où M. Ménier embrassait sa sœur avec deux gros baisers bruyans et pleins de bonne affection, froissant sa jolie capote de soie fauve; serrant ses fines mains dans ses mains rudes et lui criant à tue-tête :

— Oh! que tu es toujours belle!

Si, dis-je, nos lecteurs ont bien voulu nous accompagner, peut-être comprendront-ils l'empressement de Mme Ménier à se défaire d'une pareille belle-sœur. Mme d'Houdailles en effet était une de ces natures rares, qui ont ensemble la beauté et la grâce, la naïveté et la grandeur, la bonté et la distinction, l'intelligence et l'indulgence. Son regard semblait velouté, mais on sentait qu'il y avait une flamme derrière l'ombre qu'y répandaient ses longs cils noirs. Son front était calme et pur, mais devait penser beaucoup, et dans le souple développement de sa taille élevée, il y avait l'élégance qui plaît à l'amour et l'ampleur qui sied à la maternité. C'était une noble et belle créature. Sans coquetterie, sans apprêt, elle jeta sa capote, qui gênait les grosses embrassades de son frère, et le fit si vivement qu'elle enleva le peigne qui retenait une masse de cheveux bruns, soyeux et transparens ; ils se déroulèrent sur ses épaules en flots admirables, si bien que lorsque Mme Ménier parut, elle poussa un cri en disant :

— Ah! mon Dieu, chère Clara! que vous est-il donc arrivé? Vous voilà toute échévelée comme une orpheline!

— C'est moi qui me suis maladroitement décoiffée, dit la marquise en embrassant sa belle-sœur, qui lui tendit froidement les deux joues ; et Clara allait ramasser son peigne et se rajuster, lorsqu'à diverses portes du vestibule elle aperçut trois figures qui la regardaient curieusement. C'étaient MM. du Luc, de Sommerive et Victor, qui venaient de descendre de leurs appartemens. Mme d'Houdailles rougit d'être ainsi regardée, et ayant salué rapidement ces messieurs, elle prit de même le grand escalier avec son frère, qui lui criait :

— Je vais te montrer moi-même ton appartement.

Tandis que Mme Ménier lui disait de la voix la plus calme :

— Édouard, laissons à Clara le temps de se remettre. D'ailleurs, j'ai à vous parler.

— Je redescends à l'instant, dit M. Ménier en rejoignant sa sœur et en l'embrassant encore une fois.

— L'entrée a été dramatique, dit Mme Ménier avec un air railleur et en rendant à ses hôtes leurs saluts révérencieux. Qu'en dites-vous, monsieur de Sommerive?

— Elle est admirablement belle, dit l'homme de quarante ans.

— Vous trouvez? et vous monsieur du Luc?

— Elle le serait ailleurs que près de vous, madame, dit celui-ci en baisant respectueusement la main de Mme Ménier qui sourit grâcieusement.

— Ah çà, ma tante, dit Victor, tu ne veux donc pas m'embrasser?

— Si mon enfant, lui dit-elle avec une vraie tendresse.

Et elle embrassa son neveu comme Edouard avait embrassé sa sœur. Elle l'aimait presque d'un amour de mère, et elle le montra bien, car elle lui dit en le regardant avec cette admiration heureuse à laquelle on ne peut pas se tromper :

— A la bonne heure! tu es bien! tu es très bien! Tu es beau comme ton père !

Une larme vint aux yeux de Mme Ménier, et cette larme disait : « Si c'était mon fils, ce serait autrement pour moi sans doute. » Mais elle secoua tout-à-coup ce regret ou ce remords et se mit à causer avec ses hôtes. Un moment après, M. Ménier arriva et annonça que Clara allait descendre pour le déjeûner. Sa femme le prit à part et lui dit du ton le plus doux :

— J'espère que vous n'avez pas dit un mot de mes projets à votre sœur?

—Je m'en serais bien gardé, car elle ne m'en a pas parlé.

— Qu'est-ce que cela veut dire?

— C'est qu'elle les a devinés au premier coup d'œil, et que, puisqu'elle ne s'en est pas expliquée, c'est qu'il lui va sans doute d'avoir l'air de les ignorer.

— Ah! fit Mme Ménier. Et à quoi avez-vous *deviné* qu'elle les eût devinés?

— A ce qu'elle m'a dit qu'elle ne resterait que très peu de jours. Mais vous et moi, je l'espère, nous la ferons changer de résolution. J'y compte.

Ce J'y compte avait un accent qui voulait dire sans doute bien des choses, car lorsque Clara reparut, sa belle-sœur la combla de caresses, d'éloges, de démonstrations d'amitié si vives, si empressées que Victor en haussa les épaules en disant :

— Ma tante est trop bonne en vérité, car cette Mme d'Houdailles reçoit tout cela avec un air de froideur vraiment impertinent.

Mme Ménier commençait cependant à se fatiguer des avances qu'elle faisait à Mme d'Houdailles et que celle-ci recevait avec la plus exquise politesse, mais en même temps avec la froideur la plus significative, lorsque l'annonce du déjeûner vint rompre cette situation pénible pour l'une et pour l'autre, et en généralisant la conversation arracha d'une part la marquise à la gêne d'entendre des protestations qu'elle savait ne pas être franches, et de l'autre, Mme Ménier à l'obligation qu'elle s'imposait d'obéir à son mari ; car nos lecteurs ont dû remarquer que cet affectueux empressement avait immédiatement suivi le désir exprimé par M. Ménier de garder sa sœur, et l'espérance qu'il avait montrée que sa femme contribuerait à obtenir ce résultat. Pour ceux qui ne voyaient que le dehors des choses, M. Ménier était le mari, non pas le plus esclave, mais le plus nul du monde. Rien ne se faisait chez lui que par les ordres de madame Ménier. Elle disposait en souveraine de la maison, des gens, des chevaux; elle recevait, invitait, repoussait en apparence qui lui plaisait; mais pour quelqu'un qui eût pu entendre le peu de paroles qui s'étaient dites entre M. Ménier et sa femme, au sujet de Clara, il serait demeuré incontestable que le mari avait gardé sur certaines choses une autorité qui n'admettait ni résistance ni contestation.

Ceci une fois posé, nous allons continuer notre récit.

# Préliminaires d'attaque.

V

On comprend sans doute que des préparatifs comme ceux dont la maison semblait occupée n'avaient pas été seulement pour recevoir M. de Sommerive et M. du Luc, car Victor ne comptait pas, en sa qualité de neveu. Tout cela était donc pour Clara, et Mme Ménier se chargea de le lui apprendre durant le déjeûner.

— Votre arrivée, chère sœur, lui dit-elle, est un jour de fête pour nous; aussi ai-je voulu qu'il fût célébré par une fête. Je vous préviens donc que nous aurons ce soir grand dîner et grand bal.

Clara regarda son frère d'un air surpris, et M. Ménier baissant la tête d'un air d'assentiment, répéta en souriant :

— Oui, ma sœur, grand dîner et grand bal.

Clara se laissa prendre à l'air satisfait de son frère et accepta alors comme une bonne grace amicale ce qu'un instant avant elle eût trouvé une manifestation de mauvais goût, et repartit en souriant :

— Mais c'est une véritable trahison ! je suis arrivée ici comme une veuve qui a à peine quitté son deuil; comme une Auvergnate qui n'a vu personne depuis six ans; je n'ai rien de présentable pour assister à de si brillantes réunions, et si je pardonne à mon frère d'avoir abusé de ma bonne foi, car les hommes ne pensent guère à ces choses-là, j'ai le droit de vous en vouloir, Claire, de ne pas m'avoir prévenue, car vous qui êtes femme, vous savez bien que nous n'aimons guère être prises ainsi à l'improviste.

— Une femme n'est jamais prise à l'improviste, quoiqu'elle dise; elle a toujours au fond de quelque carton une robe passée de mode, mais qui lui sied à ravir; une fleur bien simple qui n'en fait que mieux ressortir sa beauté. Ce sont des en cas qu'une veuve jeune et belle prépare toujours, et dont elle se rappelle toujours au moment fatal. N'est-ce pas vrai, ma belle Clara ?

— Je refuse toute la dernière partie de la supposition, ma chère sœur, dit Clara. Quant au reste, je sais comme vous que ce ne sont pas toujours les plus riches toilettes qui parent le mieux une femme ; mais le monde a des exigences qu'il faut qu'on respecte, et l'on trouvera assurément quelque raison, qui ne me sera pas favorable, à la simplicité de ma toilette.

— Madame a raison, dit M. de Sommerive ; au crime qu'on vous fera d'être plus belle que personne, on ajoutera celui de l'être autrement. On dira...

— Que dira-t-on ? dit M. Ménier.

— Tiens ce qu'on dira, dit Victor, en dévorant une aile de perdreau; ce n'est pas difficile à deviner.

— Voyons, grand appréciateur du monde, dit M. Ménier.

— D'abord, les dames de Champrée, qui mangent chez elles des pommes de terre frites pour acheter des fleurs de Nattier qui les font paraître encore plus rousses qu'elles ne sont, diront que c'est par avarice ; ensuite, les demoiselles Lacon, qui se harnachent comme des chapelles de Fête-Dieu, prétendront que madame s'est crue assez belle pour se passer de toilette, et les Lebeuf en masse, père, mère et enfans, prétendront que la marquise d'Houdailles a dédaigné de s'habiller pour un bal de provinciaux et de roturiers.

— Il n'en a pas manqué une, dit M. Ménier en riant, et pas une ne manquera ce soir.

— Et je sortirai de ce bal avec la triple accusation d'avarice, de vanité et d'impertinence. Il y a de quoi reculer, et j'ai bien envie de rester chez moi, reprit Mme d'Houdailles.

— Bah! dit Victor du ton d'un véritable enfant gâté qui parle à tort et à travers, il n'y a que les femmes qui le diront et ça ne signifie rien.

— Plaît-il? dit Mme Ménier d'un ton presque sévère. Vous savez, Victor, que je n'aime pas à vous entendre parler des femmes avec cette légèreté, avec ce ton.

— Est-ce que ça vous regarde, chère tante ? dit Victor avec une petite moue joyeuse ; vous n'êtes pas une femme, vous, vous êtes un ange de bonté, et c'est pour cela que je vous demande la permission de vous quitter tout de suite. Je vais chez Bertrand, le garde-chasse, voir si nous ne pourrons pas demain matin faire une petite battue dans les bois.

Sans attendre cette permission, le jeune homme se leva, et il allait quitter la salle à manger, lorsque, sur un regard significatif de sa tante, il s'approcha de Clara et lui dit d'un air fort insouciant :

— Mme la marquise voudra-t-elle accepter ma main pour une contredanse quelconque ?

— Pour la première, monsieur, si cela

vous convient, lui répondit Clara en riant.

— En ce cas, je réclame la seconde, dit M. de Sommerive.

Clara répondit par une inclination de consentement, tandis que Victor disait :

— Et vous, du Luc, vous ne prenez pas votre tour d'inscription ?

— Je n'ose imposer à madame de si nombreux engagemens après un voyage qui a dû sans doute la fatiguer, dit le marquis d'un ton de respect impertinent.

— Oh! dit M. Ménier, n'ayez pas de ces craintes-là; ma sœur ne se laisse rien imposer, et elle est femme à vous refuser, si elle ne pensait pas pouvoir tenir ce qu'elle vous promettra.

— C'est la crainte d'un pareil refus qui m'arrête, reprit le marquis du Luc en s'inclinant et en gardant les yeux baissés sur son assiette, de manière à montrer clairement qu'il n'avait rien à ajouter à ces paroles.

Mme d'Houdailles en profita pour l'examiner d'un regard sérieux et froid, tandis que M. Ménier souriait d'un air moqueur. L'impolitesse était manifeste, et la fin du déjeuner fut très gênée, quoi que pût dire M. Ménier pour faire oublier cet incident. Mais malgré ses provocations, malgré l'humilité avec laquelle il appela les plaisanteries qui ne manquaient jamais d'arriver sur toute friture provenant de sa pêche à la ligne, il ne put rien obtenir, si bien qu'à la fin du déjeuner, Mme Ménier ayant réclamé le privilége de ses devoirs de maîtresse de maison pour se retirer, afin, disait-elle, de donner des ordres, Mme d'Houdailles demanda à son frère de lui montrer son parc, de manière à faire voir qu'elle désirait être seule avec lui. M. de Sommerive fit preuve de sa discrétion en s'excusant près de M. Ménier et de Mme d'Houdailles de ne pouvoir les accompagner, parce qu'il avait des lettres à écrire. Quant à M. Fernand du Luc, il prit un journal et se mit à lire, de façon à laisser croire que c'était parce qu'il ne voulait pas aller avec eux, qu'il n'y allait pas, mais non parce qu'il avait compris qu'ils voulaient être seuls.

Dès que M. Ménier et sa sœur furent dans le parc, celle-ci lui dit :

— Est-ce impertinence, ou manque de savoir-vivre ?

M. Ménier se mit à rire. Il réfléchit, puis il répondit :

—C'est tactique...

— Comment ?

— M. de Sommerive s'est montré ébloui et ses regards le prouvaient encore mieux que ses paroles ; en cette circonstance, M. du Luc a voulu se poser en indifférent, et ce n'est que la folle interpellation de Victor qui l'a poussé à se faire dédaigneux.

— Ah! fit Clara, en reprenant tout-à-coup sa gaîté, c'est la vieille tactique des romans de l'empire. Une femme fait toujours attention à l'homme qui ne fait pas attention à elle.

—Excellente tactique, reprit Ménier, car elle a réussi; ta première parole a été pour t'informer de lui.

Clara se mordit les lèvres et repartit d'un air sérieux :

— Ce qui m'a fait te parler de M. du Luc tient à ce que je pouvais supposer à sa conduite des motifs plus graves qu'une sotte prétention à se faire remarquer.

— Et quels motifs ? dit M. Ménier, qui prit un air alarmé et surpris.

— N'est-il pas l'ami de M. de Cancel et...

Mme d'Houdailles s'arrêta tout-à-coup ; et tandis que son frère l'examinait comme un homme qui craint de découvrir quelque chose qui n'est pas innocent, elle devint rouge et baissa les yeux.

— Ma sœur, ma pauvre sœur, lui dit-il, ne crains pas de te confier à moi.

Mme d'Houdailles embrassa son frère et lui dit d'une voix où l'on sentait des larmes :

—Je n'ai rien à te dire, Edouard ; je n'ai pas de confidence à te faire. J'ai dit un mot sans portée, sans valeur, qui n'a aucun sens. Il me suffit d'être rassurée sur les intentions de la conduite de M. du Luc.

—Ses intentions sont, je crois, de te plaire et de t'épouser. Il s'y prend d'une façon, M. de Sommerive s'y prend d'une autre.

— Et aucune d'elles ne réussira.

—Alors ce sera peut-être celle de Victor.

— Qui, lui aussi, avec ses vingt ans? dit d'un air chagrin Mme d'Houdailles ; déjà amoureux de mes deux cent mille livres de rente !

—Lui! le pauvre garçon, il ne s'en doute pas, mais si le hasard voulait qu'il te plût, je sais quelqu'un qui pourrait bien alors lui donner des avis pour arriver au mariage.

— Claire me croit-elle assez folle pour cela?

— Elle ne le croit pas, mais elle n'en serait pas fâchée.

— Et elle n'a peut-être pas si grand tort, dit Clara en riant, car c'est véritablement celui-là qui n'a fait nulle attention à moi et qui a préféré tout naïvement aller chez le garde champêtre plutôt que de rester avec nous, et qui m'a fort bien expliqué ce qu'on dirait de moi, sans me faire ni le moindre compliment ni la plus petite impertinence. Mais laissons tout cela. Je suis femme à me défendre contre ces attaques volontaires et involontaires, et décidément montre-moi ton parc et les belles collections de fleurs dont tu me parles dans toutes tes lettres.

Trente et Quarante ans.

VI.

Laissons M. Ménier faire sa promenade avec Clara, et retournons au salon, où le marquis du Luc et M. de Sommerive faisaient ensemble une partie de trictrac.

— Bah ! disait le beau Fernand en jetant négligemment ses dés, ce doit être une société fort maussade que la sienne, et lorsqu'il s'agit de prendre femme, comme disaient nos pères, ce n'est pas à une beauté (très éclatante sans doute, mais fort bourgeoise,) qu'il faut s'arrêter.

Nous ne laisserons point passer cette phrase sans en commenter quelques mots qui expliqueront à nos lecteurs la position respective des deux interlocuteurs.

Ainsi ce mot : comme disaient nos pères, n'avait pas été prononcé sans quelque intention. En effet, M. du Luc était le dernier descendant d'une illustre et très noble famille, tandis que M. de Sommerive devait son titre de comte à une ordonnance en date de 1824, qui avait anobli son père, président de cour royale, en l'appelant à la chambre des pairs. Il était donc destiné à être le collègue du jeune Victor d'Houdailles ; mais son père n'étant mort qu'après la révolution de 1830, il s'était trouvé déshérité de son titre. On prétendait que c'était pour le reconquérir que M. de Sommerive avait brigué la députation et s'était rallié à la nouvelle dynastie. Donc le marquis du Luc, demeuré fidèle aux opinions légitimistes de sa famille, traitait avec un certain dédain son ami M. de Sommerive, 1° parce qu'il était un parvenu, 2° parce qu'il était un transfuge. Or, ce mot : ainsi que disaient nos pères, n'avait été jeté dans la conversation, avec un léger clignement d'yeux, que pour rappeler à M. de Sommerive l'immensité qui séparait la noblesse du marquis du Luc et celle du comte de Sommerive. Celui-ci le comprit admirablement et répartit en casant avec une extrême attention comme s'il était tout à son jeu :

— Certes, je suis fort de votre avis, et, comme le disent toutes les vulgaires sentences de sagesse, la beauté est un don périssable, etc., etc. Vous me dispenserez je suppose, de soutenir la nouveauté de votre opinion à ce sujet par les déclamations d'usage. Mais à supposer que Mme d'Houdailles soit d'une société fort maussade, vous avez oublié que ce défaut peut se compenser par les deux cent mille livres de rente qu'elle possède. Oh! c'est une considération à laquelle pensaient beaucoup nos pères, comme vous dites, ceux surtout dont le blason était plus incontestable que la fortune.

— Dieu me damne, dit Fernand, on ne se douterait point que vous siégez au plein centre de la chambre ; vous devenez hargneux comme un député de l'opposition, et au moindre mot dans lequel vous croyez voir une intention d'attenter à l'illustration de votre comté, vous arrivez à des personnalités désespérantes. Je sais très bien qu'il n'y a rien de plus vulgaire que mon opinion sur le peu de cas qu'il faut faire en se mariant de la beauté des femmes; mais les considérations relatives à la fortune ne me paraissent pas d'un ordre beaucoup plus élevé. Vous me dispenserez, je suppose, de vous approuver par des aphorismes de l'espèce de ceux-ci : la fortune ne fait pas le bonheur, mais elle y contribue; quand la pauvreté entre par la porte, l'amour s'en va par la fenêtre, etc. Mais entre nous soit dit, j'ai trop vécu pour n'en être pas arrivé à la modeste philosophie de nos pères, nobles ou bourgeois (voyons, ne froncez pas les sourcils), laquelle philosophie nous enseigne que le bonheur est dans la convenance d'humeur, de caractère et de position. Or, pour trancher tout net la question, voici les faits dans leur matérialité, comme vous dites vous autres économistes législateurs. Je suis un tant soit peu amoureux du bruit du monde et de la liberté; or, Mme d'Houdailles me fait l'effet d'une prude à la manière anglaise, c'est-à-dire de ce qu'il y a de plus sot, de plus égoïste et de plus pitoyable au monde; voilà pour l'humeur. Je suis assez volontaire et très emporté, elle me semble froide et entêtée; voilà pour le caractère. Elle est immensément riche et je suis furieusement endetté; elle doit calculer comme Barême et je jette l'argent sans compter..... Amalgamons, combinons, pilons, tamisons, alambiquons tous ces élémens ensemble, et s'il n'en sort pas une union détestable, avec querelles, reproches, séparation et peut-être pis, je veux être pair de la nomination de Louis-Philippe.

— Vous êtes un trop excellent appréciateur de la position pour ne pas vous être dit que c'est positivement à cause de tout cela que vous devez épouser Mme d'Houdailles.

— Expliquez-moi cela, je vous prie.

— Oh! je vous prie de me dispenser des théories et de me permettre de m'en tenir à la matérialité des faits, comme vous avez dit. Dans quel but, dites-moi, avez-vous été si... si... faut-il dire le mot, si impoli envers une femme sur laquelle vous n'auriez aucune prétention? Allons, Fernand, ne jouons pas au fin, vous savez vivre, vous êtes même une exception parmi nos beaux, par votre politesse, par votre complaisance ; d'où vient donc ce refus glacial fait à la sœur de votre hôte, à une femme d'une beauté très éclatante, toute bourgeoise qu'elle puisse être? Vous avez voulu porter coup.

— C'est possible, dit Fernand d'un air tout-à-fait indolent, et si je n'ai pas réussi vis-à-vis d'elle, je puis être fier de mon succès près de vous, car vous me tournez dans tous les sens, comme un enfant fait de son joujou, pour deviner le secret de mes mouvemens ; cela vous intéresse donc excessivement ?

— Moi ! cela m'intéresse pour vous.

—Ah ! ah ! ah ! fit Fernand avec une grimace de douleur, ceci est par trop... par trop... faut-il dire le mot ? par trop bête. Pour moi, Adrien, c'est pour moi que vous vous alarmez de ma conduite ? Voilà une tendresse qui vous a poussé bien subitement.

— Je croyais que nous étions amis, Fernand, dit sérieusement M. de Sommerive.

— Sans doute, et je m'en vante, et à ce moment même, j'aurais une fâcheuse affaire sur les bras, affaire d'argent ou affaire politique, que je vous dirais tout net : Sommerive, j'ai besoin de vous, il faut me sauver; et vous feriez de même à mon égard, j'en suis sûr. Mais ici, si les intentions que vous me supposez sont véritables, nous sommes rivaux, et si l'un de nous a manqué de franchise, c'est vous qui me questionnez comme un juge d'instruction.

Un silence assez long suivit ces paroles de du Luc, tandis que les dés roulaient rapidement. Tout-à-coup M. de Sommerive s'écria :

— Je trouve Mme d'Houdailles adorable.

— Je crois bien, repartit Fernand.

— En vérité, je crois que je l'aimerais, là... d'un véritable amour.

— Je crois bien, répéta du Luc.

— Et je l'aimerais, fût-elle pauvre, fût-elle égoïste, opiniâtre.

— Je crois bien, ajouta encore le marquis.

— Bah! fit M. de Sommerive d'un air stupéfait.

— C'est que cette femme, s'écria du Luc, est tout bonnement la merveille des merveilles, la beauté, l'esprit, la grace, l'éloquence, tout ce qu'on rêve quand on a vingt ans, tout ce qu'on pleure de n'avoir trouvé quand on en a quarante.

— Et ce qu'on obtient quand on en a trente, voulez-vous dire, fit M. de Sommerive en continuant la phrase enthousiaste du marquis.

— Vous me faites plus fat que je ne suis. Ce que je viens de vous dire sur Mme d'Houdailles, je le crois, je le sens, mais c'est précisément à cause de cela que je ne l'aime pas; tant de supériorité me déplait; et très sincèrement, j'ai suivi l'impulsion de mon cœur en me montrant presque impoli vis-à-vis d'elle; son frère la mangeait des yeux, Mme Ménier la flattait avec une terreur indicible, vous étiez dans une extase inouïe, j'ai voulu que quelqu'un protestât contre ce suprême triomphe, je me suis chargé de le faire; voilà tout.

— Tant pis pour moi, dit M. de Sommerive.

— Pourquoi cela? Je vous ai fait la partie belle.

— C'est que vous aimez Mme d'Houdailles.

— Moi!

— Vous l'aimez si bien que vous vous êtes révolté contre la peur qu'elle vous fait.

Fernand se tut et s'accouda sur le trictrac en ayant l'air de rêver et de se consulter.

Puis il ajouta:

— Ma parole d'honneur, je ne l'aime pas... et même, je ne sais, je trouverais quelque plaisir à lui faire un peu de chagrin.

— Une méchanceté est toujours facile à inventer.

—Oh! dit Fernand, une méchanceté vis-à-vis d'une femme bonne, noble, irréprochable! ah! vous m'estimez bien peu. Quand je dis que je voudrais lui faire un peu de chagrin, j'entends que je désirerais la voir un peu moins sûre d'elle-même... que je voudrais...

—Que vous voudriez lui inspirer un goût décidé pour vous et puis faire le fier pour humilier un peu cette perfection qui vous fait peur. D'où je conclus que vous l'aimez sans vous en douter, ce qui est le plus dangereux de tous les amours.

—Silence! dit tout-à-coup du Luc, voici venir Victor.

Vingt ans.

VII.

Du Luc et M. de Sommerive ayant vu rentrer Victor, tous les deux se mirent à parler de leur jeu tandis que celui-ci jetait sur une chaise son habit, son gilet et sa cravate en s'écriant :

— Ouf!... je n'en peux plus! Il m'a fallu faire deux lieues dans le bois pour retrouver cet animal de Bertrand, parce qu'il prétend que les paysans choisissent toujours le dimanche et l'heure de la messe pour braconner. Du reste, j'ai organisé une chasse pour demain; vous en serez, du Luc.

— Certainement.

— Et vous, monsieur de Sommerive?

— Avec plaisir.

— Je veux vous enfoncer tous les deux; vous verrez.

— L'expression est heureuse, dit M. Ménier en paraissant avec sa sœur sur la porte du salon.

MM. du Luc et de Sommerive se levèrent, mais Victor resta étendu sur son fauteuil en disant :

— Ah ! mon oncle, mon cher oncle, ne m'asticotez pas, je vous en prie, sur mes expressions. Enfoncer est très à la mode, demandez plutôt à du Luc. Je le répète, je les enfoncerai dans le dix-septième dessous.

— Qu'est-ce que c'est que ça, le dix-septième dessous, dit M. Ménier en riant pendant que Clara faisait signe aux deux joueurs de ne pas se déranger et de reprendre leur partie.

— Ah ! c'est une figure de rhétorique Musard, dit Victor en s'étendant le mieux possible.

— Passe pour la rhétorique Musard, dit M. Ménier, à condition que ce soir tu ne feras pas de danse Musard.

— Hé ! hé ! dit Victor en riant, la danse Musard a bien son agrément.

— Pour toi, c'est possible, mais j'espère...

— Ah ! dit Victor, parce que l'année dernière, en petit comité, j'ai voulu vous faire apprécier cette sublime innovation, vous allez supposer que ce soir, et surtout dans un bal de provinciales... Vous êtes injuste envers moi, mon oncle, je sais vivre.

Et en disant cela, il poussa du bout de l'orteil le talon d'une de ses bottes, et la tirant tout-à-fait il dit :

— Je me suis fait plus de mal que je ne croyais en sautant par dessus le mur du parc.

L'action de Victor jurait si étrangement

avec sa prétention de savoir vivre, que M. Ménier allait lui en faire l'observation, mais il s'arrêta en voyant le bas ensanglanté.

— Comment t'es-tu blessé à ce point ?

— Eh bien, je vous l'ai dit. Je suis sorti du bois, là-bas, au coin de la grotte. Je serais bien rentré par la grille du bois, mais... Il s'arrêta puis reprit : Il m'aurait fallu faire tout le tour des murs, je suis bien monté d'un côté, mais j'ai mal descendu de l'autre. Voilà tout.

Mme d'Houdailles ne trouvait rien de bien intéressant à la blessure de M. Victor, et se dirigea vers la porte en disant :

— Je crois que j'ai laissé mon mouchoir là-bas sur le banc où nous nous sommes assis.

— Ne vous donnez pas la peine, dit M. de Sommerive, je vais aller le chercher.

— Est-il galant! s'écria Victor, en voyant M. de Sommerive tourner dans le salon. Je l'aurais déjà rapporté pendant qu'il cherche son chapeau pour s'abriter du soleil.

— Cela vous serait difficile, à moins de vous blesser encore plus, dit Clara.

— A moins qu'il n'y aille à cloche-pied, dit du Luc en riant, et je crois que Sommerive arriverait encore le premier.

— Va comme il est dit! s'écria Victor. Y êtes-vous, monsieur de Sommerive? Une! deux! trois!

Et sans attendre de réponse, il sauta par une croisée ouverte et se mit à traverser le parc en sautant à cloche-pied et sans écouter son oncle qui lui criait :

Veux-tu bien t'arrêter ! Tu ne pourras pas danser ce soir.

Mais Victor avait déjà disparu.

— Vous n'avez pas accepté le défi, Sommerive, dit le marquis d'un air railleur.

— J'avoue, dit celui-ci, que je ne suis pas plus amateur des courses à pied que des courses au clocher.

Ceci avait rapport à une célèbre chute qu'avait subie le marquis un mois avant.

—Oh ! vous êtes méchant, dit M. Ménier.

— Méchant ? dit Mme d'Houdailles d'un air surpris.

— Oui, madame, dit du Luc d'un air d'humilité, Sommerive veut dire que je suis tombé de cheval dans une mare infecte, et qu'on m'en a retiré tout couvert de boue et de ridicule.

— Et à moitié mort, dit M. Ménier.

— C'est à quoi Sommerive a pensé alors, attendu qu'il n'était que simple spectateur, ce qui lui permettait d'avoir un peu de pitié de moi, tandis que mes concurrens me passèrent courageusement sur le corps.

— Quelle horreur! s'écria Mme d'Houdailles.

— C'est la nécessité de toutes ces luttes, dit du Luc d'un air goguenard, et vous voyez que Sommerive, qui dans cette circonstance où il n'était pas en jeu, m'a relevé, porté, soigné, sauvé, est maintenant sans pitié pour moi, parce que la partie est engagée entre nous.

— Quelle partie, dit assez indifféremment Mme d'Houdailles.

— Une partie dont vous serez juge, madame, dit le marquis.

— En vérité, je ne vous comprends pas, fit Mme d'Houdailles.

—J'en suis honteux pour Sommerive et pour moi, reprit du Luc.

— Que diable veut-il dire, s'écria M. Ménier en regardant M. de Sommerive qui tournait son chapeau dans ses mains d'un air dépité, quelle partie avez-vous donc engagée ensemble, dont Clara puisse être le juge?

— Ah! je sais, dit le comte, mais c'est plus que de la présomption, que de prétendre occuper Mme d'Houdailles d'une pareille niaiserie. Imaginez-vous que nous nous sommes disputés avec du Luc à qui dansait le mieux de nous deux.

— Je croyais que monsieur ne dansait pas, dit Clara d'un air moqueur.

— Vous voyez comme il m'accable, dit du Luc; mais je le sais au fond homme d'honneur, et il me tiendra la parole qu'il m'a donnée d'implorer le pardon de ma faute, de ma gaucherie de ce matin, et d'obtenir de vous que vous voudrez bien m'inscrire au nombre de vos danseurs.

— Il est trop tard, dit Ménier avec gaîté en voyant l'embarras de Mme d'Houdailles, j'ai fait une liste des absens, et j'ai retenu toutes les places.

— J'ai peur que vous n'ayez pas bien pris vos précautions, dit du Luc, car j'espère que celle de Victor sera libre. Voilà le pauvre garçon qui vient tout éclopé.

En effet Victor arrivait toujours sautant

à cloche-pied et tendant le mouchoir. Il était rouge, haletant, essoufflé; Mme d'Houdailles fit quelques pas au devant de lui et lui reprit le mouchoir, pendant qu'il s'appuyait sur la main qu'elle avait tendue.

—Que vous êtes enfant de vous fatiguer ainsi, lui dit-elle.

— Sentez... sentez, dit Victor en prenant la main de la marquise et en l'appuyant sur sa poitrine... sentez comme le cœur me bat... mais je l'avais dit et je l'ai fait.

Il y avait une familiarité si naturelle dans la façon d'être de Victor, que Madame d'Houdailles lui avait laissé sa main, qu'il tenait encore sur sa poitrine lorsque Mme Ménier parut et dit vivement en voyant cette singulière position :

— Eh bien! qu'est-ce qu'il y a ?

— Il y a, dit Victor en se mettant à chantonner, que

Mon cœur bat ; il s'élance, il palpite.
Je le sens doucement qui s'agite...

— Et tu ne peux deviner pouquoi? continua Mme Ménier d'un air à faire entendre mille choses à son neveu.

— Pardieu si, reprit lestement celui-ci; c'est parce que j'ai fait le tour du parc à cloche-pied.

Aussitôt Victor rentra dans le salon, prit sa botte et monta en disant à sa tante qui le suivait en l'interrogeant :

— Ce n'est rien ; je vais me jeter sur mon lit une heure ou deux, et je serai léger comme un zéphyr. Ah! mon oncle, zéphyr est joli : véritable Empire ! ça répare le dix-septième dessous.

Pendant ce temps, M. Ménier s'était approché de sa sœur, qui lui disait en riant :

— Il est bien étourdi, ton neveu.

— Un autre plus adroit eût saisi l'à-propos que lui offrait ma femme.

— Je lui sais bon gré de n'y avoir pas pensé.

— M. de Sommerive ne l'eût pas manqué.

— Oui, dit Clara ; mais M. de Sommerive n'ira pas courir pour me rapporter ce mouchoir.

— Ni ce billet, dit M. Ménier en ramassant une lettre qui venait de s'échapper du mouchoir et qu'il présenta à sa sœur, qui parut fort surprise en voyant une lettre cachetée dont l'écriture lui était inconnue avec la suscription : A madame la marquise d'Houdailles.

— Qu'est-ce donc ? dit M. Ménier.

— Je ne sais vraiment, dit Clara d'un ton sérieux, en examinant la lettre qu'elle allait rendre à son frère, lorsqu'en regardant le cachet elle se troubla tout à coup, serra vivement la lettre et dit avec une émotion qu'elle ne put dominer :

— Ah ! je me rappelle maintenant... J'avais pris cette lettre pour la lire... Je l'ai oubliée... Je la lirai plus tard.

M. Ménier leva les yeux au ciel avec une tristesse profonde, mais il ne fit pas une observation et retourna près de M. Sommerive, qui avait repris sa partie avec Arthur.

Dès qu'elle fut seule, Mme d'Houdailles gagna une allée couverte et rompit le cachet. La lettre était écrite en chiffres, et cependant elle la lut couramment. Elle avait donc le secret de ces chiffres, et le cachet lui était bien connu. De qui venait cette lettre et que renfermait-elle? Nos lecteurs l'apprendront sans doute plus tard. Tout ce que nous pouvons leur dire, c'est que lorsque Mme d'Houdailles rentra dans la maison, elle était inquiète, agitée, et cependant on eût pu découvrir qu'il y avait une sorte de joie au fond de sa tristesse.

Pendant que la conversation était redevenue générale dans le salon, où Mme Ménier était restée, il nous faut raconter une scène qui se passait à l'autre bout du château.

… Conseils.

VIII.

En traversant le vestibule, Victor avait dit à un domestique d'aller lui chercher de l'eau tiède pour se laver le pied et du taffetas d'Angleterre pour le panser. Le domestique, fort affairé pour les préparatifs du soir, avait été en courant demander de l'eau à la cuisine, et Catherine en apprenant que M. Victor était blessé, avait jeté des holas et avait voulu monter elle-même panser son frère de lait. En effet Victor avait été nourri par la mère de Catherine, et quoique celle-ci n'eût pas été nourrie avec lui, puisqu'elle avait au moins dix ans de plus que lui, elle lui donnait cependant ce nom.

Lorsqu'elle entra Victor venait d'ôter son bas et examinait son pied qui était profondément écorché.

— Ah! c'est toi, lui dit Victor; tu es bien gentille d'être venue toi-même.

— Il faut bien que je vienne puisque vous n'avez pas même daigné venir me dire bonjour. Voilà pourtant près d'un an que je ne vous ai vu.

— C'est vrai. Et il paraît que tu m'en veux beaucoup de ma négligence, puisque tu ne m'embrasses pas.

— Que si, dit Catherine en embrassant Victor, qui se laissa faire sans penser le moins du monde que les deux baisers qu'il venait de recevoir lui avaient été donnés par une bouche fraîche comme une rose et par une des plus belles filles de la Normandie.

— Maintenant que c'est fait, dit-il alors, donne-moi cette eau que j'arrange mon pied.

— Je me charge de ça, dit Catherine. Voyons, asseyez-vous et mettez votre pied sur mon genou.

Catherine se mit en train de laver l'écorchure tandis que Victor lui disait :

— Eh bien, es-tu toujours heureuse ici?

—Oui... oui, dit Catherine avec un soupir, monsieur Ménier est si bon.

—Et ma tante donc! dit Victor; voilà la bonté incarnée, voilà une femme comme tout homme voudrait en avoir une.

Catherine releva la tête, regarda Victor et voyant qu'il parlait avec un enthousiasme sincère, elle ne répondit pas et se mit en devoir d'envelopper le pied malade avec une bande de linge.

—Qu'est-ce que tu fais là, Catherine, lui dit Victor; tu vas me faire une patte d'ours. Comment veux-tu que je me chausse pour danser ce soir.

—Vous comptez donc danser avec cette blessure?

—Tiens! dit Victor, depuis la dernière jusqu'à la première: et la première avec Mme d'Houdailles.

—Ah! dit Catherine d'un air satisfait tant mieux. Et est-elle aussi belle que me l'a dit Pierre, qui servait à table?

—Belle, dit Victor, comme si on l'interrogeait sur un souvenir presque effacé. Oui... oui... elle est assez belle!

—Et si elle est aussi bonne que son frère M. Ménier, ce serait là une femme comme il vous en faudrait une.

—Que non! que non! dit Victor. Belle, bonne, parfaite si tu veux, mais merci de cette beauté et de cette perfection. J'en ai déjà une fameuse histoire sur son compte.

—Une histoire, dit Catherine? quelque méchanceté de votre tante.

Heureusement pour Catherine que Victor ne faisant guère attention qu'à ce qu'il disait, et point à ce qu'on lui répondait, l'accusation de Catherine contre sa maîtresse passa inaperçue; Victor n'en entendit que le dernier mot, et se prit à dire :

—J'ai oublié de le dire à ma tante, mais je vais lui raconter cela tout à l'heure, ça lui servira un peu à rabattre l'orgueil de cette belle mijaurée.

—Ah! monsieur Victor, lui dit Catherine, vous, un jeune homme du monde, trahir une femme, accuser une femme ; ce n'est pas bien, ça, monsieur Victor ; est-ce qu'elle vous a fait du mal, pour que vous lui fassiez du chagrin?

Victor réfléchit et reprit :

— Au fait, tu as raison; ça ne me regarde pas ; je garderai ma découverte.

— A la bonne heure, dit Catherine d'un ton ému, j'en suis bien aise pour vous et pour elle, la pauvre dame !

— Qu'est-ce que tu as donc? on dirait que tu prends un grand intérêt à Mme d'Houdailles.

— C'est la sœur de M. Ménier, le plus honnête homme et le meilleur homme de la terre.

— Ah ça ! dit Victor en riant, est-ce que tu es amoureuse de mon oncle, que tu en fais toujours l'éloge.

— Taisez-vous, s'écria vivement Catherine, ne dites pas un mot comme ça, car il me renverrait,

—C'est-à-dire que si quelqu'un te renvoyait, ce serait ma tante.

— Oh! dit Catherine avec impatience, votre tante ne demanderait pas mieux que ça fût comme vous dites.

— Hein! dit Victor, qu'est-ce que ça signifie?

— Rien, rien du tout, dit Catherine, mais voyez-vous, monsieur Victor, tenez, vous n'êtes plus un enfant et je suis venue un peu pour vous dire çà. Si vous voyez dans la maison quelque chose qui ne va pas tout droit, si enfin vous étiez étonné de certaines manières de votre oncle avec votre tante; ne vous en mêlez pas, voyez-vous. Laissez faire chacun comme il entend.

— Ah ça! dit Victor, qu'est-il donc arrivé depuis l'année dernière?

— Il n'est rien arrivé ; seulement l'année dernière et les années d'avant vous n'étiez pas ici pour y demeurer un été entier. Huit jours étaient bientôt passés.

— Est-ce que ma tante ne serait pas heureuse? dit Victor d'un air menaçant.

— Je n'en sais rien, dit sèchement Catherine, mais monsieur ne l'est pas. Ne me faites pas parler, M. Victor; nous sommes au service de votre famille depuis cent ans de père en fils... eh bien ! aimez M. Ménier, soyez bon et complaisant pour lui, voyez-vous... c'est un père que vous avez là... Vous savez que je suis une honnête fille et que je ne vous donnerais pas un mauvais conseil... Eh bien, faites ce que je vous dis, et vous vous en trouverez bien.

Victor devint sérieux et parut comprendre avec dépit ce que signifiaient les recommandations de Catherine qui l'observait et semblait se demander si elle ne devait pas lui en dire davantage. Elle eut peur sans doute de céder à la tentation, car elle quitta la chambre, mais après avoir dit cependant avec un bon sourire :

— Et puis, dansez beaucoup avec madame d'Houdailles; ça ne vous fera pas de mal.

Les réflexions que suggéra à Victor son entretien avec Catherine l'occupèrent assez longtemps pour le tenir éveillé sur son lit plus qu'il n'eût voulu, si bien qu'il commençait à peine à s'endormir lorsque la cloche du château annonça le dîner. Il s'habilla en toute hâte ; mais il s'aperçut que le repos avait fait gonfler son pied ; il arriva donc tout boitant à la salle à manger, où se trouvaient tous les invités. Madame d'Houdailles avait nécessairement affiché une mise d'une simplicité désespérante : une simple robe de mousseline des Indes, une ceinture bleue à rubans flottans, et dans les cheveux quelques touffes de ruscotinus, ce marabout des jardins, faisaient toute sa parure. Avec cela elle était merveilleusement belle. Pourquoi? Eh, mon Dieu ! tout simplement parce qu'elle était merveilleusement belle.

Cependant elle était demeurée triste et préoccupée, et Victor s'en aperçut. Lui-même se préoccupa si fort de ce changement qu'il fut très silencieux et que son oncle lui fit la guerre sur sa tristesse. Victor se contenta de répondre qu'il souffrait, et le dîner s'acheva au milieu de cette gaîté factice de gens qui sont réunis pour s'amuser, qui en font le semblant le mieux qu'ils peuvent et qui gardent une pensée inquiète au fond du cœur.

Bal.

IX.

Le bal qui suivit le dessert fut au contraire d'une franche gaîté. Ce fut le résultat de cet empire que le nombre exerce sur les individus. A table, ils étaient douze, dont six fort occupés de leurs projets; au bal, ils étaient deux cents, qui se laissaient aller à leur plaisir sans arrière-pensée ; si bien que dans le cours de la soirée ils entraînèrent les plus réservés. Du Luc avait fini par être tout-à-fait aimable, parce qu'il n'en faisait pas son affaire; M. de Sommerive dansait avec la ferveur d'un débutant, et Mme d'Houdailles elle-même, entourée de toutes parts, flattée, sollicitée, finit par se laisser aller à son triomphe. Cependant, Victor avait tenu à la première contredanse, et avait fait de tels efforts pour dissimuler sa douleur, qu'il eut à veine la force de reconduire Mme d'Houdailles à sa place. Il faillit presque s'évanouir, tant avait été violente la contrainte qu'il s'était imposée; il le sentit, et des larmes de colère lui vinrent aux yeux.

— Vous souffrez horriblement? lui dit Clara avec un doux intérêt.

— Non, madame, non.

— Mais vous palissez... Asseyez-vous.

— Je vous remercie.

Mme d'Houdailles aperçut Mme Ménier à quelques pas, et voulut lui faire signe pour lui dire de recommander le repos à son neveu.

—Oh! je vous en prie, madame, n'appelez pas ma tante; elle ferait de ce petit accident un éclat qui me rendrait fort ridicule, ce qui n'est rien, mais qui fâcherait mon oncle contre elle, ce dont je serais désolé. D'ailleurs, qu'y ferait-elle? que de me prier de ne plus danser, et la douleur me l'ordonne d'une manière bien autrement impérative. Mais n'est-ce pas honteux qu'un homme ne puisse vaincre une misérable souffrance comme celle-là ! J'en ai pleuré de rage, ajouta-t-il avec amertume, car vous avez remarqué que j'ai pleuré, et vous avez peut-être cru que c'était de douleur.

— Je n'ai rien remarqué de tout cela, dit Mme d'Houdailles, et je m'en veux de votre souffrance, car sans ce maudit mouchoir...

A ce mot, Mme d'Houdailles s'arrêta en voyant le sourire malicieux qui vint sur les lèvres de Victor.

— Je voudrais, lui dit-il, que tout mon mal vînt de là, vous penseriez peut-être alors que je ne suis pas si écolier que vous vous l'imaginez.

Mme d'Houdailles ne put se méprendre

au sens de ces paroles. Victor avait senti le billet enveloppé dans le mouchoir; mais l'explication qu'elle avait donnée à son frère pouvait suffire à tout le monde, et elle se rassura. Bientôt cependant, M. de Sommerive vint réclamer son tour, et profita de la position pour faire valoir ses avantages. Il était homme d'esprit, et à propos de quelques questions il sut amener assez adroitement un exposé complet de sa fortune et de sa position.

Ainsi tantôt l'un des personnages sur lesquels l'interrogeait Clara, était un des plus infatigables solliciteurs du monde, et M. de Sommerive, par considération pour M. Ménier qui le lui avait recommandé, avait été forcé de le traîner pendant huit jours chez tous les ministres, ses amis intimes. Un autre était un de ces braves gens qui croient rendre un éminent service à la France en poursuivant tous les abus de pouvoir qu'ils s'imaginent découvrir dans la conduite d'un fonctionnaire. Les anecdotes à ce sujet ne manquaient pas de piquant, mais elles avaient pour but définitif de dire que M. de Sommerive avait entraîné au conseil d'état les opinions de tous ses collègues. Une assez belle personne lui fournit l'occasion de raconter comme quoi on l'avait circonvenu pour la lui faire épouser à cause de son titre de comte, de ses cent mille écus de rente et de son château de Sommerive, véritable demeure princière.

Tout cela fut assez bien dit, assez bien entremêlé de réflexions spirituelles pour que Mme d'Houdailles ne s'aperçût pas du *personalisme* de la conversation et ne pût se rendre compte de ce que M. de Sommerive n'avait parlé que de lui-même ; mais elle n'emporta rien de cette conversation qui lui eût fait le moindre plaisir ou causé la plus légère émotion. L'effet avait été nul.

Dès qu'elle eut rempli son engagement vis-à-vis de lui, Mme d'Houdailles fut la proie de tous les fils de famille à qui l'amitié de M. Ménier avait réservé place pour que personne ne fût mécontent. L'effet que produisit Clara fut énorme ; on la regardait, on l'admirait, on chuchottait, on se la montrait, et cependant, quoique accoutumée, à ce qu'il paraît, à de pareils succès, elle était fort embarrassée ; les danseurs qui se succédaient ne savaient s'occuper ni d'eux ni d'elle-même et quoique l'éclat de la fête, la vivacité de la danse, l'entraînement de la musique agissent sur elle et la disposassent au plaisir, elle ne s'y livrait pas avec un véritable abandon; elle était mal à l'aise.

Depuis quelque temps, du Luc, assis sur un divan, à côté de Sommerive et de Victor, regardait Mme d'Houdailles. Le jeune Perdignan souffrait toujours horriblement, et il avait assez à faire de ne pas crier. Sommerive était plongé dans une extase silencieuse où il se voyait dans l'hôtel du ministère de l'intérieur, donnant la plus éblouissante fête gouvernementale, dépensant avec faste l'immense fortune que devait créer son alliance avec Mme d'Houdailles, jouissant par avance de l'émotion que causerait à la cour et partout l'apparition de cette souveraine beauté, lorsque tout à coup il fut éveillé de ce beau rêve par un mot échappé à du Luc qui murmura tout bas :

— Décidément, j'aime cette femme.

Sommerive tressaillit; mais il se remit aussitôt et reprit :

— Vous croyez?

— J'en ai peur.

— Et pourquoi l'aimez-vous?

— Parce qu'elle est jeune.

— Jeune, une femme de vingt-sept ans? Je croyais que, passé dix-huit ans, vous autres lions, vous les trouviez vieilles.

— Vous êtes absurde, Sommerive; on dirait que vous prenez votre esprit dans les cabinets de lecture ou dans les livres qui nous représentent comme des animaux stupides. Cette femme n'est pas jeune seulement parce qu'elle a vingt-sept ans; mais voyez comme elle s'amuse, ou plutôt comme elle a envie de s'amuser; comme le bruit, le tumulte, le mouvement l'impressionnent et la dominent : je veux venir à son aide.

En parlant ainsi, il se leva et alla vers Mme d'Houdailles.

— Eh bien, madame, lui dit-il, êtes-vous inflexible et n'obtiendrai-je pas un pardon ?

— Je ne vous dirai pas comme mon frère, monsieur : Il est trop tard. Mais : Il est trop tôt. J'ai promis à six personnes encore.

— C'est effroyable, dit Fernand en riant;

puis il ajouta en baissant la voix : mais j'espère que vous avez trop pitié de vos pieds pour avoir promis autre chose que des contredanses? Vous n'oseriez vous risquer à une valse ou à un galop avec ces vigoureux danseurs.

— Je ne me risque avec personne, dit Mme d'Houdailles; on ne galope pas encore en Auvergne et on n'y valse plus.

— Je viens pourtant vous demander une valse ou un galop; et ne me refusez pas, je vous en supplie. Vous ne seriez pas alors tout ce qu'on m'a dit que vous étiez.

— Et que vous a-t-on dit, monsieur? fit Clara d'un air presque sérieux.

— Que vous n'aviez jamais abusé de la sottise de qui que ce soit pour l'en punir cruellement.

— Voilà un mot..... dit Mme d'Houdailles, assez embarrassée.

— Un mot..... dit Fernand, qui qualifie admirablement ma conduite de ce matin. Il est juste, et toute votre bienveillance n'en saurait trouver un plus doux.

— Mais je ne vous accuse de rien, monsieur.

— Bien, fit en riant Fernand; cela prouve que vous me croyez capable de tout. Tenez, madame, voulez-vous me permettre de vous dire que si vous me refusiez, vous agiriez comme ferait une autre femme.

— Je n'ai pas la prétention d'agir autrement.

— Cependant, madame, dit du Luc en amoindrissant l'énormité de la fadeur qu'il allait débiter par un sourire tout-à-fait gai, cependant, madame, quand on vient du ciel on doit dire comme le Christ : « Je ne suis pas venu pour sauver les justes, mais les pécheurs. »

— Oh, monsieur! dit Mme d'Houdailles en riant, vous me faites peur; nous ne lisons pas de romans en Auvergne, et ceci ressemble bien plus à une phrase de littérature fantastique qu'à...

—Allons, lui dit Fernand en l'interrompant, je vois que vous voulez que la vérité soit comme vous, simple et naturelle. Eh bien donc, madame, sans périphrase, je vous demande pardon de ma grossièreté, et je ne croirai à ce pardon que si vous m'accordez une valse.

— Mais si je ne valsais avec personne!

— Alors je deviendrais fier lorsque vous auriez valsé avec moi !

— Mais je n'ai aucune envie de vous rendre fier.

— Et si je l'étais déjà !

— De quoi ?

— De ce que vous daignez si long-temps m'écouter.

—Eh bien, monsieur, lui dit Mme d'Houdailles, je vous promets une valse.

Et elle se leva pour danser. Fernand lui dit alors :

— Remarquez bien que j'aurais le droit de vous remercier et que je n'en use pas.

Il la salua et s'en alla attendre le moment voulu.

La Valse.

X.

Mme d'Houdailles fut piquée d'avoir cédé, et son opinion sur Fernand ne fut pas plus favorable, mais elle avait beau s'en vouloir et lui en vouloir; elle éprouvait une intime satisfaction. Certes, M. de Sommerive avait été beaucoup plus convenable, mais du Luc avait eu l'art de dire à Clara qu'elle était belle, bonne, charmante ; il le lui avait dit à brûle-pourpoint et avec un singulier aplomb, mais il le lui avait dit; il l'avait occupée d'elle et personne ne l'avait fait encore. Et puis Fernand était un de ces hommes qui tiennent toujours l'attention des femmes en éveil; rien n'est sérieux, mais rien n'est faux dans leur parole; ils disent brusquement et railleusement les choses d'une flatterie délicate. Somme toute, Mme d'Houdailles fut très mécontente de Fernand et d'elle-même, mais elle trouva que c'était le seul homme qui, pendant deux minutes, l'eût intéressée à la conversation. Enfin, le moment de la valse arriva et Fernand se présenta avec un respect qui semblait demander pardon à la belle danseuse de la liberté qu'autorise la valse. En effet, la main presse la main, le bras entoure la taille, et Mme d'Houdailles s'aperçut que ce n'était pas une valse qu'elle eût dû accorder au plus élégant et au plus beau jeune homme de cette soirée. Cependant, la musique se fit entendre, et grâce à la défense des mamans, le parquet ne fut occupé que par quelques personnes. Fernand laissa passer les premiers tours et fit remarquer à Mme d'Houdailles M. de Sommerive valsant avec une femme d'une taille magnifique, d'une toilette enrichie de diamans et valsant avec une légèreté et une grâce qui excitaient l'admiration de tout le monde. Cette dame n'avait pas dansé dans la soirée et l'on voyait qu'elle s'était réservée pour cette valse, afin d'écraser d'un coup toutes celles qui avaient été remarquées.

— Diable ! dit Fernand en riant, voilà Sommerive et Mme du Hauty qui triomphent.

— Sans doute, dit Mme d'Houdailles qui les suivait attentivement des yeux, et j'ai bien envie de marcher avec ma robe de mousseline.

—Non pas, non pas, dit Fernand en enlevant rapidement la marquise, il faut aincre ou périr.

Il fallut quelque temps pour que l'attention attachée sur M. de Sommerive et sa belle valseuse revînt à Mme d'Houdailles et à Fernand, mais celui-ci dépassa si vivement et à plusieurs reprises ses antagonistes, qu'on s'en aperçut, et bientôt ce fut un murmure général d'admiration partagé entre les deux couples. Les autres valseurs s'arrêtèrent comme d'un commun accord pour faire place à cette espèce de tournois et la valse devint un moment un spectacle. Cependant l'avantage restait indécis. Mme d'Houdailles sentit que c'était une lutte, et toute parfaite qu'elle fût, rien ne lui commandait de se laisser battre; elle s'abandonna donc avec plus de mollesse et de légèreté. Sommerive et Mme du Hauty redoublèrent d'efforts ; il y eut de petits bravos murmurés au rapide passage des valseurs. Mais personne ne l'emportait encore, lorsque la musique s'anima doucement, accéléra le mouvement et lui imprima une nouvelle rapidité. Fernand ramassa toutes ses forces et anima Mme d'Houdailles qui volait à la surface du parquet; sa légère robe de mousseline, fouettée par la rapidité de ce tournoiement, dessinait la cambrure magnifique de sa belle taille; ses pieds menus, attachés à une jambe d'une pureté coquette, posaient à peine sur le parquet; ses cheveux s'éparpillaient et la trer couronnnaient d'une auréole inspirée; c'était un attrait irrésistible qui attachait tous les yeux sur elle et sur Fernand, qui ne s'occupait pour ainsi dire qu'à la montrer dans toute sa beauté. Cependant, M. de Sommerive et sa partner avaient gracieusement accepté le combat, et pour sa part Mme du Hauty le soutenait sans désavantage; elle s'était si bien réservée que nulle fatigue, nulle lassitude ne se montrait en elle. Clara voulut triompher : dans ce moment elle était tout à la valse ; mais elle avait voyagé une partie de la nuit, elle avait beaucoup dansé. Fernand la sentit s'appuyer sur son bras.

— Courage, lui dit-il tout bas.

— Je suis morte, je n'en puis plus, répondit-elle.

— Encore quelques minutes, j'entends Sommerive qui souffle ; appuyez-vous sur moi, ne craignez rien.

Et il précipita lui-même la valse en passant devant le piano et en criant au musicien : Vite ! vite ! Il emportait Mme d'Houdailles sur son bras de fer ; et, soit délire, soit fatigue, elle s'abandonnait avec une grace enivrante. Les bravos éclatèrent, on battit des mains : Sommerive et sa danseuse venaient de s'arrêter. Fernand acheva le tour pour constater le triomphe, et déposa Mme d'Houdailles sur un divan, haletante, les cheveux effarés, souriant, et répondant par mots entrecoupés aux mille complimens que lui faisait tout le monde et surtout son frère, qui était radieux, qui était ravi, non pas tant de son triomphe que de voir qu'elle s'y était si joyeusement intéressée. Mme Ménier elle-même fut pleine d'empressement et finit par dire avec cette bienveillance qui ne donne à l'un que pour ôter à l'autre :

— Il y a bien aussi une part de succès pour le danseur.

— Et la plus belle, dit gaîment madame d'Houdailles. Sans lui je m'arrêtais il y a un quart d'heure.

Quel mot, quel aveu! pourquoi donc avait-elle continué malgré sa fatigue? Fernand la regardait avec une suave admiration en se disant intérieurement :

« A la bonne heure, elle est femme, elle veut être la plus belle et elle s'en donne la peine. J'en ai donc trouvé une qui sait être naturelle. »

A ce moment une petite voix câline se fit entendre, et Victor, appuyé sur le bras d'un jeune homme, s'avança en disant :

— Et moi, est-ce que je n'aurais rien?

— Vous ne voulez pas valser, je pense, dit Mme d'Houdailles.

— Non ; mais quand Fernand a dit que vous valsiez, je n'ai pas voulu laisser le piano à un autre. Je vous ai joué les plus jolies valses de mon répertoire, et le musicien est bien pour quelque chose dans le succès des danseurs, surtout en fait de valses.

— C'est vrai, c'est vrai, dit-on de tous côtés, tandis que Mme d'Houdailles le remerciait le plus gracieusement du monde.

— Et voyez comme je suis bon, ajouta Victor plus bas; j'avais tellement à cœur de bien jouer, que je n'ai pas quitté le clavier des yeux et que je ne vous ai regardée qu'une ou deux fois à la dérobée. Voilà bien ce qu'on appelle se sacrifier, j'espère.

La voix de Victor, en parlant ainsi, avait quelque chose de grave et de triste qui empêcha Mme d'Houdailles de répondre par une plaisanterie à ce compliment;

elle se contenta de sourire et revint à un texte plus commode.

— Vous souffrez toujours, lui dit-elle.

—Presque plus, dit Victor ; je ne sais pas, mais jamais je n'ai été si content d'une soirée que de celle-ci, où je n'ai fait que regarder.

— Tant mieux, dit Mme d'Houdailles d'un air presque froid, car elle sentait sous les paroles de Victor l'intention que lui-même n'y soupçonnait pas ; et, s'étant levée, elle pria son frère de la conduire un moment dans un salon moins étouffé, et d'obtenir pour elle qu'on lui accordât un délai pour deux contredanses qu'elle avait encore promises. En traversant le salon, elle rencontra M. de Sommerive qui se rangea d'un air précieux et vit Mme du Hauty qui se laissait encenser, et qui, riant avec une furieuse ostentation de mystère, criait tout bas :

— Ce pauvre M. de Sommerive ! il n'en pouvait plus ! Je m'en suis débarrassée pour long-temps.

Le pauvre homme expiait la défaite de Mme du Hauty, c'était dans l'ordre.

Le monde remarqua que ces deux dames ne s'étaient pas même regardées; et, cependant elles s'étaient vues; examinées et appréciées de la tête aux pieds. A quel moment et par quel moyen ? C'est ce qu'une femme seule pourrait vous dire, c'est le mystère de ces regards voilés comme la nuit et rapides comme l'éclair, qui voient tout ce qui est visible, et devinent tout ce qui est caché.

Déclaration de Guerre.

XI.

Cependant cette fameuse valse avait jeté un nouvel entrain dans le bal ; la carrière des pas compassés était rompue ; on dansait véritablement, on riait, on prenait du punch, on s'arrachait gaîment les glaces, on se familiarisait avec le plaisir. C'était tout-à-fait une joyeuse et bruyante assemblée ; et Mme d'Houdailles avait un sentiment secret qu'elle avait donné à tous cette facile et vive impulsion. Remarquez que, jusqu'à ce moment, on ne l'avait trouvée que belle, et que, depuis la fameuse valse, chacun, ravi du plaisir qu'il goûtait, la trouvait charmante, bonne, parfaite. C'est encore là un mystère, c'est celui des astres qui emportent tout ce qui les entoure dans le tourbillon où ils marchent, c'est ce pouvoir insaisissable que le ciel a accordé à quelques personnes et auquel on a donné le nom de charme, qui lui convient dans son acception la plus magique.

Lorsque Mme d'Houdailles fut rentrée dans la salle de danse, elle la parcourut du regard et ne vit ni M. Fernand, ni M. de Sommerive, ni Victor.

— Ah! lui dit son frère en riant, ils ne sont plus là.

— Qui donc? fit Mme d'Houdailles.

— Oh! Clara! Clara! un peu de franchise va si bien au bonheur.

— Eh bien, oui, dit-elle, je suis heureuse, heureuse d'être avec toi, ici, revenue de nos préventions et de nos craintes de ce matin. Décidément M. de Sommerive est un homme spirituel et bon; M. du Luc est fat, je le crois; mais à son âge et avec sa tournure c'est permis, et je pense qu'au fond il est un galant homme, et, en tout cas, il doit être charmant quand il veut l'être.

— Et, dit M. Ménier en imitant la voix plaintive de Victor, n'y a-t-il rien pour mon neveu ?

— Je crois, dit Mme d'Houdailles d'un ton embarrassé, qu'il y a une vieille locution qui le peint à merveille : « Mauvaise tête et bon cœur. »

— Noble cœur, très noble cœur, dit sérieusement M. Ménier, et tête folle plutôt que mauvaise.

Mme Ménier les rejoignit en cet instant.

— Je viens de coucher ce pauvre Victor, leur dit-elle ; il m'a fallu toutes les peines du monde à le décider, et je lui ai dit que Clara ne voulait plus valser.

— Comment cela ? dit Mme d'Houdailles.

— « Je veux la voir valser à mon aise, » me disait-il toujours, et j'ai été forcé de lui dire que vous aviez refusé de valser de nouveau.

— Et vous avez eu raison, dit Mme d'Houdailles, car si je n'avais encore une promesse à remplir, je vous demanderais la permission de me retirer.

— Mais où sont donc MM. de Sommerive et du Luc? dit Mme Ménier.

— Ils ne dansent plus, lui répondit son mari.

— Ah! dit Mme Ménier, M. de Sommerive n'a pas voulu aggraver sa chute et le marquis a craint de compromettre son triomphe. Quant à vous, Clara, si vous êtes vraiment fatiguée, vous pouvez vous retirer, je me charge de vous excuser auprès de votre danseur. (C'est le petit du Hauty, dit-elle à son mari, et je ferai plaisir à sa belle-sœur qui l'a déjà querellé d'avoir invité Clara.) D'ailleurs, vous savez que demain ces messieurs font une partie de chasse et que nous allons tous les rejoindre, à deux heures, aux ruines de Saint-Martial, où il nous offrent un splendide déjeûner; puis nous revenons souper au château.

— A la bonne heure, dit M. Ménier, il n'y a pas de bonne fête sans lendemain.

— C'est que j'ai bien des choses à faire demain, dit Clara.

— Bah, bah! fit M. Ménier, nous arrangerons tout cela! Je vais te conduire chez toi.

Pour gagner son appartement, il fallait

que Mme d'Houdailles traversât le salon où l'on jouait. Elle vit M. de Sommerive à une table avec du Luc. M. de Sommerive était en face d'eux, et du Luc leur tournait le dos. M. Ménier entraîna doucement sa sœur vers la table et dit à du Luc :

— Eh bien ! que faites-vous ?

— Ma foi, répondit celui-ci sans se retourner, je perds avec un bonheur insolent.

— Un bonheur insolent ! répéta M. Ménier.

— Eh oui ! dit Fernand en baissant la voix et en se penchant un peu en arrière, je suis comme Sommerive, je crois aux vieux proverbes : Malheureux au jeu, heureux...

A ce moment, il aperçut Mme d'Houdailles au bras de M. Ménier. Elle regardait d'un autre côté. Personne ne vint au secours du marquis, pas même M. Ménier, qui lui répondit d'un air moqueur :

— Je vous en fais mon compliment.

Fernand regarda successivement M. Ménier, M. de Sommerive et Clara, toujours fort occupée à examiner un rideau, et prenant son parti avec la suprême impertinence d'un homme qui a fait une gaucherie irréparable, il dit tout haut :

— Ma foi, puisque je viens de perdre ma soirée sur un mot, je vais tâcher de rattraper mon argent sur un dé. Le destin maintenant doit être pour moi.

— Alors, lui dit M. Ménier, le proverbe parlera pour Sommerive.

— Informez-vous-en près de Mme du

Hauty, dit Fernand; à l'heure qu'il est, elle le met au dessous de tout.

—Peu m'importe, dit M. de Sommerive, si je n'ai pas perdu dans l'estime d'autres personnes.

Ceci fut dit si sentimentalement que du Luc se retourna tout-à-fait vers M. Ménier et sa sœur. Il les regarda, et saluant Sommerive de l'air le plus gai du monde :

— O Sommerive! je vous rends les armes ! s'écria-t-il.

— Faites donc attention, vous ne jouez pas vos dames comme il faut.

— Ah ça, mon cher ! vous êtes mon ennemi mortel, lui dit Fernand; vous avez manqué me faire faire un stupide calembour avec votre phrase sur les dames, que je joue mal.

— Faites toujours, dit Ménier, qui retenait sa sœur, quoique celle-ci lui pressât le bras pour l'avertir de s'éloigner.

— Non pas, dit Fernand, c'est assez de deux stupidités en un jour.

— Vous, du Luc, dit M. de Sommerive, vous reconnaissez avoir fait deux stupidités ; jamais je ne vous ai entendu faire de pareils aveux.

— C'est qu'il y a des juges qu'on ne trompe pas, mon cher, repartit Fernand, et avec qui le repentir est profitable.

Le jeu continuait pendant ce temps, et M. de Sommerive s'écria tout-à-coup :

— Six points d'école, mon cher !

— Dites donc que cela ne m'arrive jamais ! reprit Fernand.

— C'est vrai, dit M. de Sommerive, et il faut que vous soyez bien troublé.

Fernand se tourna vers Mme d'Houdailles, qui regardait le tric-trac et qui ne put détourner les yeux assez vite.

— Voyez comme Sommerive est bon, dit-il, il parle pour moi ; il a compris combien j'étais troublé.

— Ah ça ! dit Sommerive avec impatience, voulez-vous jouer ?

— Comment donc ! je joue plus gros jeu que vous ne pensez. Tenez, je mets toute ma partie sur ce dé; je joue pour un quine.

— Le voilà ! s'écria involontairement Mme d'Houdailles, surprise de ce hasard.

— Vous avez gagné, dit froidement M. de Sommerive.

— Je vois, dit Fernand, que j'ai perdu,

le bonheur du jeu me revient : les proverbes sont vrais, madame.

— Je vous jure que non, monsieur, lui dit malicieusement Mme d'Houdaille s; votre malheur ne prouverait rien.

— En ce cas, lui dit Fernand, mon bonheur ne prouvera pas davantage ; cela me console.

— Viens, viens, dit alors M. Ménier ; jamais tu n'auras le dernier avec M. du Luc.

Clara suivit son frère, après avoir froidement salué ces messieurs.

— Eh bien ! lui dit M. Ménier, qu'en penses tu ?

— Ah ! dit Clara, qui avait repris toute sa gaîté, il est bien impertinent, mais il valse à ravir.

Elle se retira, et le bal continua.

Elle n'ira pas.

XII.

Le lendemain de ce jour, c'est-à-dire le lundi, vers huit heures du matin seulement, M. du Luc, M. de Sommerive, M. Ménier et quelques jeunes gens qui étaient venus les rejoindre quittèrent le château pour commencer la chasse organisée la veille par Victor. Celui-ci était levé, mais, malgré sa bonne volonté, il ne put se joindre à ses amis. Si ce n'eût été qu'une imprudence qui eût dû aggraver son mal, il est probable qu'il l'aurait commise, mais il y avait impossibilité véritable, et il fallut bien qu'il se résignât. Cependant il le fit de la plus mauvaise grace du monde, d'autant plus fâché qu'il ne pouvait se fâcher contre personne. Enfin on arrangea les choses d'une façon qui eût certes admirablement convenu à du Luc ou à M. de Sommerive, surtout s'ils avaient pu prévoir ce qui devait arriver. Il fut décidé que Victor viendrait à la Ruine en calèche avec sa tante et Mme d'Houdailles. Mme Ménier fut la première à souscrire à cet arrangement, et son mari répondit que Mme d'Houdailles, qui n'était pas encore levée, trouverait toujours parfait ce qui arrangeait si bien les autres. On partit et Victor demeura seul dans le salon à attendre que midi fût sonné ; c'était l'heure fixée pour le départ, le rendez-vous étant à une heure précise à Saint-Martial, et les dames des autres châteaux devant s'y rendre chacune de son côté.

Ces quatre heures d'attente furent un bien grand supplice pour Victor, mais elles furent un tourment bien autrement insupportable pour les gens de la maison. Malgré la difficulté qu'il éprouvait à marcher, Victor alla dix fois aux écuries voir si les chevaux étaient prêts ; il envoyait a tous momens savoir si Mme d'Houdailles allait descendre, et il querellait sérieusement sa tante, qu'il rencontrait allant et venant dans la maison, sans penser au départ. Enfin midi sonna, et Mme d'Houdailles parut; Victor ne regarda ni sa toilette ni sa personne ; il vit qu'elle était prête et il l'en remercia, oubliant qu'il avait passé deux heures à l'accuser et à dire qu'on ne partirait pas avant trois heures de l'après-midi, afin de se faire attendre et de produire un effet. Il était si impatient qu'il répondit à peine à la marquise qui s'informait de sa blessure, et il se mit à appeler sa tante, qui parut aussitôt, mais dans le plus simple déshabillé et sans que rien montrât qu'elle se fût le moins du monde occupée de sa toilette. Nous demandons la permission de raconter à nos lecteurs la petite scène qui se passa à ce moment ; elle montrera mieux que nous ne pourrions le faire dans un examen très circonstancié la tactique des uns et la position des autres. La scène avait lieu dans la salle à manger, devant la porte de laquelle Victor avait fait avancer la calèche. A l'aspect de sa tante, Victor se mit à jeter les hauts cris :

— Bien ! bien ! Tout à l'heure je croyais que nous arriverions trop tard, et maintenant je suis sûr que nous n'arriverons pas du tout.

— Cinq minutes pour donner quelques ordres et cinq minutes pour m'habiller, dit Mme Ménier, et je suis à vous.

— Bon ! murmura Victor ; nous savons ce que c'est que des minutes de toilette ;

nous voilà encore ici pour cinq quarts d'heure.

Mme Ménier ne fit semblant d'entendre Victor, et donna l'ordre au domestique, qui attendait pour ouvrir la portière, d'appeler Catherine, puis elle alla embrasser Clara, lui faisant mille complimens sur son exactitude et sa parure, et mille autres excuses sur ce qu'elle-même n'était pas encore prête. Clara, que l'impatience de Victor amusait, s'empressa de déclarer qu'elle n'était point du tout pressée.

—Bon, bon, grommelait toujours celui-ci, pourvu que les complimens et les faux-semblans d'amitié s'en mêlent, nous arriverons juste au moment où les autres repartiront pour le château.

Cependant Catherine parut et Mme Ménier s'empressa de dire à sa belle-sœur :

—Vous m'excuserez; vous savez, ou vous saurez un jour, que le lendemain d'un bal tout est sens dessus dessous dans une maison, et que quand on a vingt-cinq personnes à dîner, on a fort à faire pour que rien ne manque.

—Faites, dit Mme d'Houdailles en se retirant dans le salon; avec d'autant plus de résignation qu'il lui était fort indifférent d'arriver ou de ne pas arriver au rendez-vous à heure fixe, du moment où il serait prouvé que ce n'était pas elle qui aurait manqué d'exactitude, s'en rapportant tout-à-fait à la colère de Victor pour faire retomber le crime sur qui de droit. Victor furieux la suivit pour avoir quelqu'un à qui se plaindre; mais voyant Mme d'Houdailles ôter son chapeau, prendre un livre et s'établir dans un fauteuil pour lire, il se jeta sur un divan en disant :

— Je crois que j'ai le temps de me rattraper de mon insomnie de cette nuit.

— Vous avez donc beaucoup souffert? lui demanda Mme d'Houdailles.

— Pas précisément, mais j'ai peu dormi, quoique j'aie beaucoup rêvé.

Mme d'Houdailles ne répondit pas et se mit à lire; mais ce mot qu'il venait de prononcer sembla tout-à-coup distraire les idées de Victor de son impatience présente. A son réveil, son premier souvenir avait été pour ses projets de la veille ; depuis ce moment il ne s'était pas occupé d'autre chose, mais un mot le ramena par hasard à la pensée des rêves qui avaient si fort agité son sommeil; et il se rappela alors qu'il lui semblait avoir vu toute la nuit les figures les plus fantasques tourbillonner autour de lui, toujours dominées par une image délicieuse, tantôt un ange, tantôt une fée, toujours une figure éblouissante de beauté traînant après soi un parfum enivrant, et vers laquelle Victor avait couru sans cesse sans jamais pouvoir l'atteindre. Cette figure, il l'avait maintenant sous les yeux; il venait pour ainsi dire de la reconnaître, et il la contemplait avec une curiosité singulière, la comparant avec son rêve et ne sachant si elle était plus belle ainsi qu'il l'avait vue dans son imagination ou telle qu'il la voyait à cet instant.

Cependant il se passait à ce moment

dans la salle à manger une petite scène faite sans doute pour arriver jusqu'à Mme d'Houdailles, car Mme Ménier élevait la voix d'une manière qui n'était pas dans ses habitudes de bonne compagnie. Elle interrogeait Catherine sur les apprêts qu'elle avait faits pour le dîner et entrait dans des détails d'une minutie qui étonnait la marquise. Mme Ménier voulait-elle établir qu'elle était une femme qui s'occupait de son ménage? Mme d'Houdailles le crut d'abord quoiqu'elle trouvât que la preuve fût d'un genre peu élevé ; mais en entendant Mme Ménier déclarer cinq ou six fois de suite que rien ne marcherait, malgré les affirmations très précises de Catherine, elle commença à comprendre que cette explication à haute voix avait un autre but. En effet, à une dernière question, Catherine s'étant trouvée prise au dépourvu, Mme Ménier, sans écouter la cuisinière, qui lui déclarait qu'elle aurait tout le temps de se procurer ce qu'on lui demandait, se mit à dire :

— J'en étais sûre, si j'ai le malheur de quitter le château, rien ne sera prêt. Enfin il faut bien se résigner.

Et tout aussitôt elle entra dans le salon en disant à sa belle-sœur :

— Ah! ma chère, quel ennui qu'une maison! voyez ma position, je ne sais comment m'excuser, mais il est impossible que je sorte de chez moi, rien n'est fait et rien ne se fera si je n'étais présente.

— Mon Dieu, ma chère Claire, lui dit tout-à-coup Mme d'Houdailles, je ne tiens pas beaucoup plus que vous à aller à ce déjeûner, et nous resterons si vous voulez.

La figure de Mme Ménier, qui était toujours armée de son même sourire doucereux et caressant, prit tout-à-coup une expression de dépit très prononcé; mais elle se remit presque aussitôt en disant :

— Ce n'est pas ainsi que je l'entends : partez avec Victor, et vous expliquerez à mon mari la cause bien naturelle qui m'a retenue.

Mme d'Houdailles était trop femme pour ne pas comprendre que Mme Ménier voulait demeurer au château et voulait y demeure seule, mais elle n'était pas disposée à céder à ce caprice et allait faire quelque nouvelle objection lorsque Victor lui dit avec cette liberté qu'il prenait vis-à-vis de tout le monde et surtout avec Mme Ménier :

— Tenez, ma tante, il eût mieux valu nous dire tout de suite que vous ne vouliez pas venir.

— Comment! Victor, s'écria Mme Ménier d'un ton fâché, tu dis...

— Allons, voyons, reprit celui-ci du petit ton mignard qu'il prenait vis-à-vis d'elle quand il voulait lui dire quelque vérité, croyez-vous que je ne vous aie pas devinée depuis ce matin, quand je vous priais d'aller vous habiller et que vous me répondiez toujours que vous aviez bien le temps.

— Ce que tu dis là, Victor, est très mal, fit d'un air triste Mme Ménier ; ce serait faire supposer à Clara que je ne veux pas aller avec elle...

— Oh!... oh!... oh!... dit Victor, si vous le prenez comme ça, ce n'est pas juste, non ; mais vous avez quelque petite chose à faire ici pendant notre absence, quelque petit secret, une surprise pour notre retour. Avouez-le tout de suite et nous n'en dirons rien.

Mme d'Houdailles avait été visiblement embarrassée au moment où Victor avait supposé que sa tante avait une raison secrète de demeurer au château ; elle le regardait comme si elle avait peur des paroles qu'il prononçait. Mais lorsqu'il conclut en parlant d'une surprise, elle respira comme ferait un spectateur qui verrait de loin un aveugle marcher dans un terrain dangereux, qui n'ose l'avertir de peur d'accroître le danger en le signalant, et qui se sent le cœur soulagé lorsque l'aveugle a heureusement franchi les obstacles auxquels il pouvait se heurter. Mme Ménier, pendant ce temps, n'avait pu dissimuler un trouble profond, si bien que Victor s'en aperçut et murmura :

—Ce que je dis, ma tante, n'est qu'une plaisanterie.

—Et ce que vous deviez savoir, dit Mme d'Houdailles en l'interrompant vivement, c'est qu'il n'y a pas de plus mauvaise plaisanterie que de deviner une surprise qu'on veut ménager. Partons donc, et ne faites pas que ce soit vous qui nous retardiez maintenant.

La manière dont Mme Ménier accueillit cette intervention de Clara avait à la fois quelque chose de reconnaissant et d'inquiet qui échappa sans doute à Victor, mais qui confirma la marquise dans les soupçons secrets qu'elle avait. Elle était si pressée de partir, qu'elle dit à peine adieu à sa belle-sœur, et qu'elle était déjà en voiture avant que Victor eût reçu toutes les explications de sa tante pour l'excuser auprès de son mari.

Mme Ménier accompagna son neveu jusqu'à la voiture, et là elle parut encore hésiter un moment; puis comme poussée tout-à-coup par un bon sentiment, elle tendit la main à la marquise, en lui disant:

— Merci, Clara, vous êtes bonne.

Celle-ci, dont le visage avait une teinte de triste mécontentement, sembla se laisser aller tout-à-coup à un mouvement de pitié, et lui tendit aussi la main avec un sourire triste et affectueux, mais elle ne prononça pas une parole ; la voiture partit, et Mme d'Houdailles tomba dans une rêverie profonde. Quant à Victor, il ne pensait qu'au bonheur d'être parti et s'écriait joyeusement:

— Enfin, nous voilà en route !

Tête-à-Tête en Calèche.

XIII.

Mme d'Houdailles était profondément absorbée, et une véritable tristesse se mêlait à ses réflexions, car une grosse larme arriva jusqu'à ses yeux. Victor, tout occupé à considérer l'état du temps, à calculer les chances qu'il avait dû offrir aux chasseurs, la marche qu'ils avaient dû suivre, babillait tout haut sans s'apercevoir qu'on ne l'écoutait pas, lorsque tout-à-coup il aperçut dans une vaste percée entre deux collines la vaste ruine de Saint-Martial.

— Voilà où nous allons, dit-il à Mme d'Houdailles en appelant si directement son attention, qu'elle ne put s'empêcher de regarder.

— C'est encore bien loin, reprit-elle.

— La route est admirable, dit Victor, et quoique je l'aie faite cent fois, elle me met toujours en extase.

— Vous! lui dit Mme d'Houdailles, préférant sans doute la conversation de Victor, si frivole qu'elle fût, aux pensées qui l'avaient dominée jusqu'à ce moment ; je ne vous aurais pas cru un admirateur excentrique des beautés de la nature.

— Oh ! dit Victor, je n'ai point cette prétention, et cela m'arrive moins souvent qu'aux vrais amateurs ; mais il y a des heures, des momens où ça m'empoigne (pardon de l'expression, mais elle est vraie), oui, ça m'empoigne, ça me prend au collet. Tenez, regardez ce tertre là-haut ; un soir, en revenant de la chasse, je m'y suis assis pour me reposer; le soleil se couchait, j'eus l'imprudence de le regarder, et je trouvai cet aspect merveilleux. Peu à peu ce fut une fascination telle, que je restai là suivant des yeux toutes les dégradations du jour et du bruit, admirant toutes les transformations que subissent successivement le paysage et le ciel, écoutant tous les murmures et leur prêtant un sens. Il était minuit quand je rentrai au château, où tout le monde était en alarme; je voulus dire la vérité, on se moqua de moi et on ne la crut pas. Mon oncle a prétendu...

— Je comprends alors, dit Mme d'Houdailles, voulant ignorer l'accusation assez probable qu'avait pu porter son frère, je comprends cette singulière expression dont vous vous êtes servi, en disant que vous aviez eu l'*imprudence* de regarder le soleil qui se couche, puisque cela vous a valu une moquerie.

— Oh! dit Victor en souriant, ce n'est

pas à cela que le mot *imprudence* faisait allusion.

— A quoi donc ? dit naturellement la marquise.

Victor la regarda d'un air triste et amical, et finit par lui dire avec un accent profond :

— Tenez, madame, je vais vous dire une chose que je ne dirais à aucun homme; une chose que je ne dirais pas à ma tante, qui ne me comprendrait pas sans doute. Je ne suis pas si étourdi que je le parais.

La marquise se mit à rire.

— Oh, ne riez pas, madame, car vous ne me comprenez pas non plus. Que vous dirai-je ? Je suis jeune, je suis riche, riche pour moi, qui ai des goûts simples. J'ai un

avenir tout fait puisque je suis destiné à
occuper un siége à la cour des pairs, et cependant, madame, je crains la solitude,
j'ai peur de la réflexion. Dans cette longue
soirée que j'ai passée ainsi que je vous l'ai
dit, j'ai été plus triste que je ne l'avais été
encore de ma vie, et cependant j'éprouvai
un invincible attrait à contempler ce spectacle. Vous dire ce qui me faisait pleurer
au milieu de cette contemplation, c'est
difficile ; mais jamais je ne me suis senti si
orphelin qu'en goûtant cette joie. Souffrir
et être seul, ce n'est rien, je crois; mais se
sentir l'âme toute pleine d'une joie inconnue, d'une de ces joies qui n'ont pas de
nom dans la vie usuelle, et n'avoir pas quelqu'un à qui le dire avec effusion!.... Un
fils n'est jamais ridicule devant sa mère,

madame, et le souvenir qui m'est resté de la mienne m'a fait rêver que si j'étais rentré chez elle pour lui dire ce que j'avais éprouvé, elle m'eût embrassé plus tendrement. Bien des fois depuis j'ai pensé, j'ai réfléchi, et je ne sais pourquoi, au bout de toutes mes réflexions, arrivait une peur ou une tristesse. C'est une fâcheuse disposition de mon esprit, sans doute; mais quand je m'abandonne à une idée, elle s'empare de moi, me domine, m'entraîne. Je me crée des bonheurs, un avenir, qui s'en vont tout-à-coup, à la première rencontre que je fais, à la première parole prononcée auprès de moi, et j'en souffre beaucoup.

— Je ne vous blâme pas, dit sérieusement Mme d'Houdailles, de regretter la perte d'une mère, mais vous en avez été consolé mieux et plus qu'un autre.

— Non, madame, non! dit rapidement Victor.

— C'est de l'ingratitude, monsieur Victor, et votre tante vous aime comme une mère, sans parler de mon frère, dont vous n'appréciez peut-être pas assez la tendresse.

— Moi! dit Victor en souriant tristement : je connais M. Ménier, je le connais mieux que vous qui êtes sa sœur; j'en sais plus qu'il ne croit sur son compte; je sais qu'il a doublé ma fortune; je sais qu'il n'y a pas en France un plus honnête homme et un meilleur ami; mais, voyez-vous, madame, M. Ménier n'est pas de ma famille, et si ma tante avait été une femme plus sérieuse, il y a bien des choses qui me blessent et qui n'auraient pas lieu.

Ces paroles avaient été prononcées avec un si étrange accent de mystère qu'elles excitèrent la curiosité de Mme d'Houdailles. Cependant elle prit la question dans un sens qui devait dissimuler cette curiosité à Victor et repartit:

— Lui en voulez-vous d'avoir oublié la distance qui séparait sa naissance de celle de mon frère et de s'être alliée à un homme sans nom?...

— Non, certes, madame, dit Victor, mais laissons cela... Je ne sais rien et je n'ai le droit de juger personne mais si vous me voyez si bruyant, si étourdi, c'est que je ne veux pas réfléchir. Je l'ai fait ce matin, et vous voyez, je suis triste, ennuyeux ; je vous dis des choses qui n'ont pas le sens commun.

Un Accident de Chasse.

XIV.

Nous avons dit que la curiosité de Mme d'Houdailles était éveillée ; c'est plus qu'une excuse à la question qu'elle fit à Victor. D'ailleurs, comme on le verra plus tard, ce n'était pas une curiosité frivole.

— A quoi donc, dit-elle, avez-vous réfléchi qui ait pu vous rentre si triste ?

— Vous ne me le pardonneriez pas si je vous le disais.

— Moi ! dit Mme d'Houdailles, à moins que cela ne regarde mon frère, je ne vois pas en quoi vos réflexions peuvent me blesser au point que je ne vous le par donne pas.

Victor la regardait en ce moment avec une expression pleine d'anxiété et d'émotion ; Mme d'Houdailles ne voulait pas avoir l'air d'éviter ce regard et le soutint courageusement. Tout à coup Victor baissa les yeux et reprit en secouant la tête :

— D'ailleurs, vous, ce n'est pas la même chose, vous êtes libre.

Il y avait toute une histoire dans ce peu de mots; en en cherchant le sens, Mme d'Houdailles crut y voir une accusation contre elle et contre une autre, accusation qui, au dire de Victor, perdait de sa gravité vis-à-vis d'elle, grace à son état de veuvage. Entre nous, pour si bien deviner, il faut qu'on ait frappé bien juste, et malgré tous ses efforts, Mme d'Houdailles parut troublée.

A ce moment un coup de feu se fit entendre dans un champ voisin : un vol de perdrix traversa la route ; mais l'une d'elles qui avait été blessée, s'abattit et tomba sur les genoux de Mme d'Houdailles, qui laissa échapper un cri ; presque aussitôt deux chiens sortirent du champ, et sentant le gibier dans la voiture, se mirent à se dresser autour en jappant; en même temps un chasseur parut sur le bord de la route et s'avança vers la voiture pour faire des excuses.

— Mme d'Houdailles ! s'écria-t-il tout à coup.

— Ah ! c'est vous, Cancel? dit brusquement Victor en lui jetant la perdrix sur la route. Vous venez de faire un joli coup: la robe de madame est toute tachée de sang.

La voiture s'était arrêtée. Mais le beau jeune homme à qui s'adressait cette remontrance ne parut pas l'entendre, car il regardait la marquise dans une muette contemplation. Celle-ci était si pâle et si troublée que Victor pensa que la frayeur la rendait muette, et il lui dit d'un ton peu aimable pour celui dont il parlait :

—C'est M. le comte de Cancel, madame, si surpris d'avoir fait une maladresse envers une dame, qu'il ne sait comment s'excuser.

Le jeune homme murmura quelques mots inarticulés en forme d'excuse à Mme d'Houdailles.

— Ce n'est rien, monsieur, j'ai eu peur, je suis ravie de vous voir en parfaite santé.

Elle fit un signe au cocher, qui reprit sa marche, et ils laissèrent M. de Cancel sur la route immobile comme une statue. Une colère intérieure, une agitation impatiente, s'étaient emparées de Mme d'Houdailles.

—Vous connaissez Cancel? lui dit Victor.

— Oui... autrefois je l'ai vu... il y a de bien longues années.

— En ce cas, vous avez gardé un excellent souvenir l'un de l'autre, car vous vous êtes vite reconnus.

— Que signifient vos paroles? dit Mme d'Houdailles avec une fierté indicible.

— C'est que je hais cet homme de toute mon âme, dit Victor d'un ton qui montrait combien ce sentiment était vrai en lui.

— Vous avez sans doute vos raisons pour cela, dit la marquise d'un ton sec, mais je suis peu curieuse de les apprendre.

— Puissiez-vous les ignorer toujours, madame, dit Victor d'un ton affectueux, mais croyez-moi, cet homme n'a ni loyauté ni honneur dans le cœur... Et mais j'y pense, s'écria-t-il tout à coup... Hier... Cette lettre...

Puis il releva les yeux sur Mme d'Houdailles, qui rougit, se troubla encore plus et détourna la tête. Victor parut ne pouvoir se contenir, à la pensée qui lui vint à l'esprit, et il s'écria sourdement :

— Ah ! si je le savais, le misérable !....

Mme d'Houdailles était dans un état non moins extraordinaire. Tout à coup encore Victor, comme poussé par une inspiration soudaine, quitte sa place, s'asseoit en face de Mme d'Houdailles et lui dit :

— Ecoutez, madame, vous êtes la sœur de M. Ménier, et il vous aime trop pour que vous n'ayez pas comme lui une générosité immense.

Mme d'Houdailles fut encore plus troublée de cette brusque interruption et ne répondit pas. Victor continua.

— Il faut que vous sachiez la vérité, madame, sans cela...

Clara posa ses doigts sur ses lèvres en montrant le cocher de l'œil. En effet, ils étaient dans une voiture découverte, et le bruit de leurs paroles pouvait monter jusqu'à cet homme. Victor le comprit, et se penchant vers Mme d'Houdailles, qui fit de même pour mieux l'entendre, il reprit à voix basse :

— Si c'est lui qui vous a écrit, ne lui répondez pas.

— Comment, dit Mme d'Houdailles, vous supposez que M. Cancel...

— Ne vous fâchez pas ; mais enfin, voici ce qui s'est passé hier. Ce n'est pas pour le plaisir de sauter un mur que je me suis blessé le pied. Comme je rentrais au château et que j'allais gagner la porte qui est près du bois, j'aperçus de loin un homme qui paraissait faire le guet à cette porte. Cet homme même collait son oreille comme pour écouter si quelqu'un venait. Cet homme était M. de Cancel. Si j'avais pu croire que ce fût vous et mon oncle qui fussiez derrière cette porte, assis sur le banc où vous avez laissé votre mouchoir, j'aurais été à lui et je lui aurais peut-être demandé comment il se faisait qu'il fût ici quand il a dit qu'il retournerait à Paris. Mais quand j'y pense, j'aurais eu tort de le faire, car il était fort indifférent que je le trouvasse seul ou avec... la... personne que je croyais qu'il attendait. Je savais où je croyais savoir pourquoi il était resté, et pendant le temps que j'aurais mis à le rejoindre, cette personne eût pu paraître, et je n'aime pas à espionner ceux que je voudrais croire irréprochables. C'est pour cela, madame, que j'ai passé par dessus le mur, pour n'avoir pas à le rencontrer seul ou avec elle.

Mme d'Houdailles tressaillit à cette dernière parole, mais elle n'eut pas la force de répondre.

— Vous ne me comprenez pas, madame, lui dit-il d'un ton douloureux, je ne puis pourtant pas en dire davantage. Il y a beaucoup de ma faute dans ma manière d'être, les idées me viennent à peine que je les oublie, ou plutôt que je les chasse; de façon que ce que j'ai pu soupçonner hier, je n'y pensais plus ce matin. Vous vous rappelez votre mouchoir : quand j'ai été le chercher, une lettre était posée à côté. C'était près de la porte où j'avais vu M. Cancel arrêté, mais ce n'était pas son écriture; cette lettre était pour vous, je ne pensai pas qu'elle put être de lui, et cependant, ne sachant ni d'où elle venait ni de qui elle venait, je vous la remis sans paraître l'avoir découverte.

— Cette lettre, dit Mme d'Houdailles, est une lettre que j'avais prise pour la montrer à mon frère.

— Une lettre que vous n'aviez pas encore décachetée.

— Monsieur, vous oubliez que ces suppositions vont plus loin que je ne le permettrai jamais à personne.

— Vous vous offensez, et vous avez tort, dit Victor, laissez-moi continuer et vous verrez.

— J'étais bien jeune quand vous vous êtes mariée, madame, et c'est parce que j'étais un enfant que j'ai souvent entendu mon oncle quereller sa femme de ce qu'elle avait usé de son influence sur votre père pour vous sacrifier au vieux marquis d'Houdailles, lorsqu'elle savait l'amour que vous aviez pour M. de Cancel. Ces souvenirs me sont revenus à l'instant où vous lui avez parlé comme à quelqu'un qu'on connaît, et à ce moment même j'ai cru, j'ai supposé que cette lettre pouvait être de lui.

Mme d'Houdailles sourit le plus gaiement qu'elle put en disant :

— Il est vrai, monsieur, que vous oubliez bien vite vos propres observations ; c'est vous qui avez remarqué que ce n'était pas l'écriture de M. le comte de Cancel.

— Oh ! dit Victor d'un air sombre, M. de Cancel est un de ces messieurs qui font métier d'avoir des manteaux couleur de muraille et des écritures à toutes mains. Mais, Dieu soit loué, madame, que la lettre ne soit pas de lui; tant mieux pour vous et pour un autre. Tant mieux pour lui surtout !

La marquise était dans une position terrible ; elle comprenait tout ce que voulait lui dire Victor; cependant elle ne voulait pas en avoir l'air, elle ne voulait pas être de moitié dans des secrets dont elle eût osé à peine s'entretenir avec un homme d'un âge avancé. Ne sachant que répondre, elle se taisait.

— Vous ne comprenez pas, dit Victor; eh bien ! tant mieux encore, j'aime mieux cela; mais pouvez-vous faire une chose sans m'en demander la raison?

— C'est selon; je ne m'engage pas aisément, monsieur.

— Cela n'est pas difficile à faire, reprit Victor. Ne dites pas à mon oncle, ne dites à personne, je vous en supplie, que nous avons rencontré M. de Cancel.

—Vous avez raison, dit Mme d'Houdailles, oubliant que cet assentiment empressé était la meilleure preuve qu'elle pût donner qu'elle avait compris Victor. Elle y fit si peu d'attention qu'elle fit un geste d'impatience, et, montrant le cocher, elle murmura tout bas :

— Mais cet homme...

— Ah! dit vivement Victor, mon oncle ne descend pas à s'informer à de telles gens.

Tout le secret venait de se dévoiler dans ce dernier mot. Il parut impossible à Mme d'Houdailles de paraître plus longtemps ne pas comprendre ; mais l'âge de Victor l'arrêta encore, et elle se tut en poussant un profond soupir de regret.

— Eh bien! lui dit Victor, qui sentit bien que la marquise en savait autant que lui, n'en parlons plus; cela vous afflige, mais pas plus que moi. Je donnerais un bras pour que cela ne fût pas... mais... Allons! cria-t-il tout-à-coup, Pierre, pousse donc tes chevaux, nous allons au pas.

La voiture prit un grand train, et Victor, soit qu'il fût fatigué d'une conversation presque mystérieuse, soit qu'il voulût en distraire l'esprit de Mme d'Houdailles, se mit à lui dire :

— Ah! si vous aimez les sites romantiques, vous allez en voir un admirable; la ruine est fort riche et toutes ses parties admirablement conservées.

— Vous la connaissez?

— Je l'ai visitée vingt fois.

— Sans doute, dit Mme d'Houdailles avec une sorte de familiarité amicale, elle a sa chronique bien noire et bien épouvantable?

— Mais il n'y manque rien, dit Victor

en riant. Adultère, duel, meurtre, empoisonnement, rivalité de deux sœurs...

Victor avait commencé cette nomenclature assez rapidement, mais peu à peu ses paroles s'étaient ralenties, comme si à mesure qu'il les prononçait, le drame qu'elles lui rappelaient lui faisait peur. Il s'arrêta tout-à-fait, devint sombre et baissa la tête en disant :

— C'est une histoire terrible, qui peut cependant être vraie.

Une larme lui vint aux yeux; et il murmura tout bas :

— Ma pauvre tante! ma pauvre tante !

— M. Victor, lui dit doucement Mme d'Houdailles, vous vous alarmez à tort.

— C'est qu'après tout, reprit celui-ci,

elle m'aime, moi, elle m'a traité comme son fils. Je ne puis pas l'accuser, et je la défendrai contre son mari s'il le faut. Ah! tenez, madame, je voulais partir, je ne voulais plus revenir ici, j'aurais mieux fait.

— Et moi aussi, dit Mme d'Houdailles, j'aurais mieux fait de ne pas venir.

— Il faut absolument que cet homme parte, s'écria Victor, il faut qu'il parte, ou je le tuerai. Moi, ça m'est facile : une impertinence est bientôt dite; il me hait comme je le hais, et s'il me tue après tout, elle n'osera plus le revoir après ma mort, et elle sera peut-être sauvée.

Mme d'Houdailles contempla Victor avec une véritable admiration, il était si naïf, si franc, si sûr de faire ce qu'il disait, il y avait si peu d'ostentation dans cette menace, tant de facilité dans le sacrifice qu'il faisait de sa vie, qu'elle ne put s'empêcher de lui prendre la main et de lui dire :

— Vous êtes bon, monsieur Victor, vous êtes bon; mais il y a des choses en ce monde qu'il faut paraître ignorer; il y a des choses dans lesquelles l'intervention du meilleur ami est souvent une cause de malheur.

— C'est possible, dit Victor; j'attendrai.

Une Goutte de Sang.

XV.

Tous deux restèrent alors dans un silence absolu jusqu'au moment où ils arrivèrent à la Ruine, où se trouvaient déjà un grand nombre de chasseurs, et, parmi les premiers, MM. Ménier, du Luc et Sommerive. Mme d'Houdailles était à peine remise des émotions que lui avaient causées la rencontre de M. de Cancel et l'entretien de Victor, qu'à l'instant même où elle mit le pied sur le marchepied de la calèche, l'épreuve recommença. Du Luc offrait la main à la marquise d'un côté et M. Ménier de l'autre.

— Ah! mon Dieu! s'écria tout à coup celui-ci, est-ce que tu t'es blessée? Qu'est-ce que ces taches de sang sur ta robe?

C'était la perdrix blessée par M. de Cancel et tombée sur les genoux de Mme d'Houdailles qui avait laissé ces traces sanglantes. L'interpellation fut si soudaine, si inattendue, si précise, que Mme d'Houdailles se troubla et rougit jusqu'au blanc des yeux.

— Je ne sais, dit-elle d'un ton embarrassé; je ne comprends pas.

— Eh ! mon Dieu ! s'écria Victor en descendant après elle, c'est moi qui me suis piqué à un ardillon et qui aurai fait cette maladresse.

— Ah ! dit du Luc d'un ton railleur, et tandis que Mme d'Houdailles s'éloignait, ce n'est pas une si grande maladresse. Votre main blessée posait donc sur les genoux de la marquise ?

— C'est une indignité que vous dites là, reprit Victor à voix basse, et si j'en avais le droit, je vous en demanderais raison.

— C'est un droit que je reconnais à quiconque n'est pas satisfait de mes paroles, dit du Luc d'un ton hautain.

— Mais c'est un droit que je ne me reconnais pas de mêler à une affaire pareille le nom d'une femme qui se trouverait compromise parce qu'elle veut peut-être en sauver une autre. Mais s'il vous convient de ne pas être de mon avis dans la première discussion venue....

— Je suis d'abord du vôtre, dit du Luc en souriant, sur l'inconvenance de mon observation; mais, ajouta-t-il, en retenant les mains de Victor, vous serez du mien en convenant que ce n'est pas une égratignure de votre fait qui a amené cette tache de sang, car vos mains sont intactes.

— Vous avez raison, dit Victor d'un air triste; mais, au nom du ciel, allez au secours de Mme d'Houdailles et délivrez-la des questions de mon oncle, qui veut absolument savoir pourquoi ma tante n'est pas venue.

— Ah ! c'est cela, fit du Luc... bien...

En effet, la dernière prière de Victor rapprochée de la phrase où il disait que Mme d'Houdailles se sacrifiait pour une autre expliqua à Fernand une partie de la vérité. Il s'approcha de M. Ménier et de Clara; et avec cette aisance, cette liberté avec laquelle il osait et savait s'introduire dans un entretien, il demanda à Mme d'Houdailles des nouvelles de sa route, eut soin de répondre pour elle quand elle n'était pas prête à la question, et fit si bien que M. Ménier ne put pas placer un mot. Clara le comprit, et quoique contrariée de recevoir un secours quelconque de M. du Luc, elle accepta le sien avec tant d'empressement, que M. Ménier les laissa tête-à-tête en murmurant en lui-même : —Ah! elles sont donc toutes les mêmes : la suffisance, l'éclat d'un nom, le dédain même les dominent et les soumettent.

En se retirant, il aperçut M. de Sommerive qui examinait du Luc et la marquise d'un regard jaloux, et il lui dit d'un ton caustique qui ne lui était pas habituel :

—On vous devance aujourd'hui, Sommerive, comme on vous a battu hier.

—Que voulez-vous, mon cher, lui répondit celui-ci d'un ton chagrin; c'est la destinée des hommes qui ont passé la quarantaine : ils sont toujours dupes quand ils veulent lutter avec les jeunes gens.

Nos lecteurs ont dû comprendre assez bien le secret qui avait préoccupé Victor et Mme d'Houdailles pour concevoir que ces paroles pussent paraître une allusion insultante pour M. Ménier ; mais M. de Sommerive lui semblait si absorbé par son propre désappointement, qu'il ne crut pas pouvoir lui prêter une intention malveillante et qu'il s'éloigna. Cependant la tache de sang imprimée au genou de la robe de Mme d'Houdailles était demeurée inexpliquée pour tout le monde malgré les paroles de Victor. Mme du Hauty, qui était du nombre des invitées, ne l'avait pas traduite dans les mêmes termes matériels que M. du Luc, mais elle avait abordé le côté moral de la question et faisait les plaisanteries les plus directes sur le voyage en tête-à-tête de M. Victor et de Mme d'Houdailles, avec toutes sortes d'exclamations sur les bontés de Mme Ménier, qui avait laissé le champ libre aux déclarations de son neveu.

—C'est maintenant le tour de M. de Luc, disait-elle; celui-là n'a besoin ni de la permission ni de la protection de personne pour se mettre en avant; cependant l'écolier a l'air tranquille comme un triomphateur. Mais voyez la fureur de Sommerive: il tourne autour du tête-à-tête comme un gros carlin empâté qui voit un beau et vigoureux lévrier s'emparer du morceau qu'il convoite; il voudrait bien en avoir sa part, mais il n'ose approcher de peur d'un coup de dent; il est ravissant de ridicule, le brave homme.

Mme du Hauty, appelant M. de Sommerive brave homme et le comparant à un gros carlin, devait avoir un terrible ressentiment de sa défaite de la veille. Les quatre ou cinq beaux des environs qui l'écoutaient riaient à toute gorge des plaisanteries de la belle dame, de façon à ce que cette gaîté attirât tous les regards. Du Luc devina ce qui se passait, et quittant aussitôt Mme d'Houdailles, il s'avança vers le groupe du Hauty de l'air dégagé d'un homme qui veut prendre sa part de ce festin de joie. Mais il n'avait pas fait la moitié du chemin qui le séparait des rieurs, que Mme d'Houdailles avait adressé un salut à Sommerive, qui s'était empressé d'accourir, malgré sa mauvaise humeur, si bien que Mme du Hauty eut le temps de s'écrier à voix basse :

— Voici le tour du carlin.

— Mais que sera donc Victor, dit quelqu'un, dans ce beau trio?

—Mais le roquet...

— Admirable! dit-on de tous côtés avec de nouveaux éclats de rire.

Du Luc arriva en ce moment et dit à Mme du Hauty avec la plus impertinente fatuité :

— De qui se moque-t-on ici?

—De vous, monsieur, lui répondit tout droit Mme du Hauty en pinçant les lèvres et en souriant.

—C'est une permission qui vous est acquise, madame, et que je ne veux pas disputer à ces messieurs, car je suis assuré qu'il leur a été impossible de ne pas rire des gracieuses plaisanteries que vous avez faites sur mon compte.

— Quand le sujet prête, monsieur, la plaisanterie est facile.

—Pardon, reprit du Luc, vous vous trompez; c'est quand le sujet s'y prête, que vous voulez dire.

—Peut-être ne tiendrais-je pas de compte de sa mauvaise volonté.

—Voilà qui est mieux, madame, repartit le marquis, car vous avez dit: peut-être. C'est déjà un doute.

Mme du Hauty se mordit les lèvres et répliqua avec dépit :

— C'est un doute si léger que je vous conseille de ne pas vous y fier.

— Ah ! dit du Luc de l'air le plus fat, je ne me fie à rien ; c'est pour cela que je viens vous demander grace.

—De quoi, s'il vous plaît?

—De la manière de valser de Sommerive.

Un éclair de fureur parut sur le visage de Mme du Hauty. On écoutait, on la regardait. Elle s'approcha de du Luc et lui dit tout bas en le prenant à part :

—Ne pouvez-vous causer avec une femme sans être grossier?

—Ne pouvez-vous en rencontrer une sans médire d'elle?

—Quel intérêt avez-vous à la défendre?

—Je veux l'épouser, dit froidement du Luc.

—Ah! fit Mme du Hauty en devenant sérieuse sans paraître fâchée, ce serait une belle affaire. Mon mari le sait-il?

—Je vous prie de le lui dire. Vous me comprenez parfaitement.

— A merveille. Mais voilà Sommerive qui a l'air radieux.

— Entre nous, ce n'est pas lui que je crains.

— Serait-ce par hasard le petit?...

— Oui, le petit. Et vous seriez la plus aimable des femmes de l'occuper.

—Vous me donnez là une jolie commission.

— Si la commission était de dix pour cent, fit du Luc.

— Sur la dot!

—Non, sur la dette.

—Nous disons des niaiseries. Faites vos affaires.

—Ce sont un peu les vôtres. C'est à vous personnellement et non à du Hauty que je dois cent mille écus. C'est ce que nous appelons des *propres*, puisque c'est une créance qui vous vient de votre père, et du Hauty y compte si peu qu'il vous a promis de vous en laisser l'usage absolu. Cela vaut bien un peu d'aide.

Cette dernière phrase, qui expliquait un côté des relations de du Luc et de Mme du Hauty fit réfléchir celle-ci et elle répondit :

— Comment, vous croyez que ce jeune homme...

— Je crois qu'il y a un secret entre lui et Mme d'Houdailles.

— A quel propos ?

—Ah! dit l'un des chasseurs en s'approchant : voici le secret de la tache de sang. Le cocher de Mme d'Houdailles l'a conté à mon piqueur, qui me le redisait comme un hasard bizarre.

Et il se mit aussitôt à dire la rencontre de M. Cancel, qu'on disait être à Paris, et qui se trouvait être demeuré incognito.

— Pour qui donc? dit Mme du Hauty.

— Il me semble dit le chasseur, que la discrétion de Mme d'Houdailles en dit assez. D'ailleurs il a dû l'épouser autrefois.

Du Luc devint triste et mécontent tandis que Mme du Hauty lui disait à l'oreille:

— J'ai grand'peur pour mes cent mille écus.

— C'est ce que nous verrons, dit le marquis.

La Ballade.

XVI.

En ce moment on annonça que le déjeûner attendait. On entra dans la ruine et on arriva à une antique salle d'armes où on trouva une table magnifiquement servie. Malgré les diverses préoccupations de quelques uns des convives, le repas fut d'une gaieté bruyante qui entraîna Victor lui-même. Quant à M. de Sommerive il paraissait sincèrement aux anges. Du Luc était trop habile pour ne pas montrer une gaîté extrême, et l'humeur calme et railleuse de M. Ménier fut ce qu'elle était toujours. Mme d'Houdailles seule était triste et préoccupée, et semblait impatiente de voir finir cette fête. Cependant on parlait déjà de se retirer, lorsque l'un des amphitryons se leva, prit la parole et dit d'un ton d'orateur :

— Mesdames, ce serait manquer à toutes les coutumes du pays que de nous séparer sans que quelqu'un de nous eût chanté la ballade du château de Saint-Martial.

— Bah! bah! s'écria tout-à-coup Victor. Cette ballade est absurde, et nous la savons tous par cœur.

— Je ne l'ai jamais entendue, dit du Luc, qui n'était pas fâché de contrarier Victor; je crois que Mme d'Houdailles est aussi ignorante que moi, et ne fût-ce que pour elle...

— Je suis fort peu curieuse de lugubres histoires, dit vivement Mme d'Houdailles: pour ma part, je ne désire nullement l'entendre.

En disant cela, elle fit un mouvement comme pour se lever; mais personne ne suivit l'impulsion, et quelques voix crièrent : La ballade! la ballade!

— Allons, dit l'orateur à Victor, c'est

vous, Perdignan, à qui revient ce droit ; exécutez-vous de bonne grâce.

Par un mouvement instinctif d'effroi, Mme d'Houdailles qui était assise auprès de lui, le poussa doucement du genou et lui dit de refuser :

Du Luc vit le mouvement de ses lèvres et reprit :

— Eh bien ! Victor, nous attendons.

— Je ne suis pas en voix, dit celui-ci, et pour n'avoir pas l'air de me faire prier, je vous déclare très-expressément que je ne la chanterai pas.

Ceci fut dit d'un air si sec, que tout le monde se regarda d'un air surpris.

— Hé, mon Dieu ! fit M. Ménier de l'air le plus bonhomme du monde, tu nous l'as chantée vingt fois. Qu'est-ce qui l'arrive donc?

— Il souffre beaucoup, dit Mme d'Houdailles, pendant que Victor se détournait d'un air dépité de voir arriver contre lui l'intervention de son oncle.

— Eh bien! dit M. Ménier d'un air si étrange que Mme d'Houdailles en tressaillit, je remplacerai mon neveu, et je chanterai la ballade si on veut bien m'accepter.

Ce furent des remercîmens unanimes, des bravos prolongés. Mme d'Houdailles et Victor seuls parurent consternés. Clara jeta autour de la table un regard alarmé comme si elle demandait appui à quelqu'un, et rencontra les yeux de du Luc attachés sur elle. Elle ne lui envoya qu'un rayon à demi-voilé de son regard, et du Luc sembla la comprendre.

— Un moment! s'écria-t-il; la ballade doit être nécessairement le bouquet de la fête; la chanter tout de suite serait commencer par la fin, et par conséquent nous enlever le droit de prier ces dames de chanter. Mme du Hauty, Mme d'Houdailles ont, je le sais, un talent supérieur....

— Ah! l'horreur, dit Mme du Hauty en riant, voilà M. du Luc qui nous demande des chansons de table.

— Je ne vous demande rien, que de vous entendre, dit du Luc.

— En plein air, sans accompagnement!

— Je suis sûr que Mme d'Houdailles y mettra moins d'obstacles, dit du Luc.

— Oh! mon Dieu, je ferai ce qu'il vous

plaira, dit celle-ci d'une voix altérée. Mais je ne sais que dire...

— Nous attendrons que vous ayez trouvé, dit du Luc, et pour vous donner le temps, je vais, moi, vous chanter une valse avec paroles.

— Qu'est-ce que c'est ? dit-on de tous côtés.

— C'est une ballade aussi, avec un tra la la de valse, qui demande à être exécutée à trois voix. Victor se chargera du dessus, Sommerive fera la basse, et vous, messieurs, attention : il faut que vous ayez fait juste le tour de la table en valsant, avec ces dames, à la fin de chaque couplet.

La proposition fut acceptée et quelques dames consentirent à faire un tour de valse sur cet orchestre de voix, d'autres suivirent au second couplet, et tout le monde était en valse au quatrième.

Cela avait déjà désorganisé l'ordre de la table ; les hommes s'étaient levés, les femmes ne s'étaient pas assises, et lorsque après le dernier couplet on entendit tout-à-coup éclater sous les fenêtres les fanfares de tous les piqueurs réunis, tout le monde courut aux fenêtres tandis que du Luc s'approchait de Mme d'Houdailles et lui disait :

— Je leur ai fait dire de corner pendant une demi-heure et je vous jure qu'ils nous écorcheront assez durement les oreilles pour qu'il ne soit plus parlé de ballade après ce féroce concert. D'ailleurs voilà qu'on sort déjà, la victoire est à nous !

Mme d'Houdailles, obligée de reconnaître que c'était au marquis qu'elle devait cet important service, fut blessée de l'avantage qu'il en prenait et répondit froidement :

— C'est un ennui que vous m'avez sauvé, voilà tout.

— Ce n'est guère, dit du Luc, et j'ai bien envie de faire taire nos piqueurs et de rappeler à l'assemblée que vous avez promis de chanter : cela rétablira immédiatement un ordre et un silence qui permettront à M. Ménier de réclamer son tour.

La marquise laissa échapper un geste d'impatience et lui dit d'un ton plus amical :

— Comment se fait-il que vous gâtez toujours une chose bien faite?

— Parce que je ne suis pas dans vos secrets, lui dit Fernand.

— Mes secrets! lui dit Mme d'Houdailles avec un air de hauteur souveraine. Vous allez trop loin, monsieur le marquis, je n'ai pas de secrets à vous confier.

— J'attendrai que vous ayez besoin de moi.

Et il se retira avant que Mme d'Houdailles eût pu répondre à cette nouvelle impertinence.

— Qu'as-tu donc? lui dit M. Ménier en l'abordant.

— Ah! dit-elle avec impatience, ce M. du Luc est d'une fatuité!

— Il est complaisant du moins, fit M. Ménier d'un ton sombre, il a empêché de chanter la ballade qui te déplaît tant.

— Pourquoi me déplairait-elle, puisque je ne la connais pas, dit Mme d'Houdailles.

— Soit, dit M. Ménier, dont le visage avait une expression sinistre ; je la chanterai une autre fois. Puis il murmura tout bas : Et je finirai peut-être par la jouer !

L'air de son frère parut déterminer Mme d'Houdailles à une grande résolution ; elle se dit à son tour :

— C'est le seul moyen de prévenir un malheur.

C'est une admirable faculté de la plus parfaite créature de Dieu que celle qui lui donne le pouvoir de cacher ses sentimens. C'est le principe de toute sociabilité, et chose horrible à penser et plus horrible encore à dire, mais il faut bien le reconnaître, le mensonge est l'ingrédient le plus nécessaire au maintien des relations sociales. Que chacun osât proclamer hautement ce qu'il pense de lui-même et ce qu'il pense des autres, et ce serait la dispersion générale de toute réunion, à supposer même que l'on ne mît en jeu que les vanités. Jugez donc de ce qui arriverait s'il fallait mettre au jour tous les mauvais désirs, toutes les méchantes actions ; soyez-en sûr, la société humaine ne résisterait pas à une confession générale, et nous nous en retournerions tous dans les bois, chacun avec sa tanière et tout au plus sa femme.

Mais ce sujet archi-philosophique ne peut recevoir tous les développemens qu'il exige, il me suffira seulement pour faire comprendre à mes lecteurs que, malgré tous les nombreux petits incidens que nous avons racontés plus haut, le retour au château et le commencement du souper, furent d'une gaîté et d'un entrain délicieux. Quant à Mme Ménier, jamais elle n'avait été si rayonnante. Elle était belle à force de bonheur, et comme il arrive toujours quand la maîtresse de la maison le veut et le sait faire, elle donne à ses convives l'allure et le ton qu'il lui plaît. Sommerive ne se doutait de rien, Victor oubliait vite, du Luc savait être ce qu'il voulait paraître, et Mme d'Houdailles jouait aussi son rôle avec assez de bonheur. Mais parmi les plus gais il fallait citer M. Ménier ; il interpellait tout le monde, provoquait les toasts, animait le repas au point que sa femme lui en fit des complimens, et attribua l'excès de cette joyeuse humeur à la présence de Mme d'Houdailles.

Cependant la bruyante gaîté de son frère alarmait la marquise, et elle essaya plusieurs fois de la calmer, comme si elle eût découvert un effort qui pouvait lui coûter cher. M. Ménier n'en tint compte, et comme s'il eût craint que sa raison ne se laissât atteindre par les doux avis de Mme d'Houdailles, il se mit à rire au point que peu à peu ses rires couvrirent toutes les voix. Quelques hommes ayant suivi l'exemple de M. Ménier, le bruit se changea bientôt en tumulte, les paroles en cris. Quel que soit l'entraînement d'une pareille scène, les femmes, qui d'abord avaient accepté cette folle orgie, parurent assez embarrassées, et quelques unes avaient déjà fait signe à Mme Ménier de se lever ; mais elle avait paru ne pas les entendre. Mme d'Houdailles, de son côté, considérait son frère avec une sorte d'effroi et semblait incapable de prendre une pareille résolution, lorsque tout à coup il se passa une chose fort extraordinaire et qui dénoua cette scène d'une façon très inattendue. A un moment où les paroles déjà incohérentes et les rires devenus sinistres de M. Ménier avaient amené un silence presque général, Catherine, la cuisinière, parut au milieu de la salle du banquet, et, appuyant avec plus d'autorité encore que de familiarité sa main sur l'épaule de M. Ménier, elle lui dit d'une voix impérative :

— Monsieur, il est temps de se coucher.

Comme si cet homme eût été frappé par une baguette magique, cette gaîté forcenée s'apaisa tout à coup, il regarda Catherine d'un air hébété, et murmura comme un enfant mutin : — Je veux rester.

— Il est temps de me suivre, monsieur, dit Catherine avec un accent presque menaçant.

— J'y vais ! j'y vais ! dit M. Ménier en se levant, la tête basse, et en suivant Catherine qui l'emmena aussitôt.

On doit penser quel effet produisit cet incident sur tous ceux qui en furent témoins. Un étonnement profond se manifesta dans toute l'assemblée, et Mme Ménier laissa échapper un geste de rage. Mais ses efforts furent vains pour organiser quelques contredanses, on prétexta les fatigues de la veille et de la journée, et au bout d'une demi-heure tout le monde était parti et les habitans du château eux-mêmes étaient rentrés chacun dans son appartement.

Visites nocturnes.

XVII.

Une nuit passée en danse, une journée passée en chasse, une autre nuit passée en festin, vainquirent les plus vives préoccupations, et un quart d'heure après qu'ils furent chez eux, Sommerive, Victor et du Luc dormaient du plus profond sommeil. Mais les femmes ont, en fait de veilles, une faculté qui semble infatigable. Quelques minutes après que le château fut redevenu calme et muet, Clara sortit de sa chambre, se glissa doucement le long du corridor qui le traversait dans toute sa longueur, monta un escalier dérobé et frappa à une porte matelassée. On fut quelque temps sans venir lui ouvrir, elle refrappa avec force, et bientôt elle entendit une voix grondeuse qu'il lui demanda à travers la porte qui était là.

— Moi, Clara, Mme d'Houdailles.

La porte s'ouvrit et elle vit Catherine, Catherine, les yeux rouges et tout en larmes, Catherine, dont les vêtemens en désordre attestaient une lutte violente.

— Bonne Catherine, lui dit Mme d'Houdailles en lui tendant la main, que fait-il maintenant?

— Il est apaisé, il dort, dit Catherine en contenant ses larmes.

— Vous êtes arrivée à temps, Catherine, un moment plus tard il avait une attaque devant tout le monde.

— C'est ce que madame eût bien voulu, reprit Catherine d'un ton brusque.

— Catherine ! dit doucement Mme d'Houdailles, mais avec un accent de reproche.

— Eh! madame, fit la belle fille avec sa rude franchise et sa parole vulgaire, un mari qui tombe du haut mal est une si bonne excuse pour qu'on vous pardonne un amant.

Tout le secret de cette histoire venait d'être formulé en ces quatre mots brutaux, mais devant lesquels il n'y avait pas à chercher de subterfuge. Mme d'Houdailles tressaillit en baissant les yeux et ne répondit pas.

— Je voudrais voir mon frère, reprit la marquise.

— N'entrez pas, dit Catherine avec vivacité, c'est inutile pour lui et trop pénible pour vous.

— Hélas, dit Mme d'Houdailles, je croyais que cette terrible maladie était passée, car je n'osais en parler dans mes lettres, vous devez le comprendre. C'est donc un mal incurable?

—Oh! dit Catherine, non madame, non, ce n'est pas un mal incurable; mais ce n'est pas des remèdes d'apothicaire qu'il lui fallait. Le bonheur eût pu le guérir. Il ne l'a pas trouvé, et maintenant c'est une affaire finie.

Mme d'Houdailles ne put s'empêcher de remarquer cette délicatesse de pensée et cette rudesse d'expression. Alors elle lui dit, en la regardant avec attention :

— Et dans les paroles incohérentes qu'il prononce quelquefois dans son délire, n'a-t-il fait aucune allusion à ce qui s'est passé aujourd'hui?

—Je ne puis pas vous dire s'il avait une idée à propos d'aujourd'hui, mais il a plus de vingt fois répété la fin d'un couplet de la *Ballade de Saint-Métral* :

L'une est ma sœur,
L'autre est ma femme,
Laquelle des deux est l'infâme.
Laquelle des deux doit mourir?

— Oh! s'écria Mme d'Houdailles en pâlissant, il a dit cela?...

— Oui, madame, reprit Catherine; et, tenez, croyez-moi, un jour d'attaque, ça finira mal; il arrivera un malheur. Mon Dieu! reprit-elle avec des sanglots, si je n'étais parvenue à le calmer aujourd'hui, il eût été la tuer au milieu de tout le monde. Madame est folle, voyez-vous, de le braver comme ça. Elle n'a pas voulu aller avec vous, c'est tout simple : elle attendait M. Arthur.

— M. de Caricel est venu ici aujourd'hui? dit vivement la marquise.

— Croyez-vous, répliqua brutalement

Catherine, que ce soit pour le plaisir de visiter mon pot au feu qu'elle soit restée ?

Le ton, l'expression de cette réponse blessèrent vivement Mme d'Houdailles ; comme femme du monde autant peut-être que comme belle-sœur de Mme Ménier, il lui était affreux d'entendre parler ainsi de la femme de son frère par sa propre servante. Mais cette fille s'était dévouée à servir M. Ménier, à le protéger contre l'effrayante infirmité dont il était frappé ; elle seule au monde avait sur lui une autorité qui rendait ses attaques moins terribles, et qui surtout, comme nous l'avons vu, les dérobait aux yeux du monde. Il fallait donc accepter sans se récrier tout ce qu'elle se croyait le droit de dire. Ce qui rendait encore cette nécessité plus impérieuse, c'est que Catherine n'avait jamais voulu être payée de ce cruel service, et que c'était de sa part un véritable dévoûment. Quel en était le secret, voilà ce que Mme d'Houdailles ignorait, mais ce qu'elle n'osait pas lui demander. Elle n'avait pas répondu à ce que Catherine lui avait dit, alors celle-ci reprit :

— Vous, madame, ne pourriez-vous pas lui faire entendre raison? Car, enfin, ce n'est déjà plus une jeune femme, Mme Ménier; il y a un âge pour tout, et si elle ne veut pas que ça finisse mal, elle devrait y prendre garde.

—Eh bien! Catherine, dit Mme d'Houdailles, je verrai, j'essaierai.

— Il faut dire aussi qu'elle ne vous aime guère, madame, et que ce n'est pas sûr qu'elle veuille vous écouter.

— Ce n'est pas à elle à qui je m'adresserai, et si M. de Cancel n'est pas un misérable...

Catherine leva les yeux au ciel, comme si elle disait : « Dieu fasse que vous réussisiez. » Puis elle s'écria tout-à-coup :

— Allez vous-en, madame, le voilà qui s'éveille.

On entendit la voix de M. Ménier appeler doucement Catherine.

— Il paraît tranquille, dit Mme d'Houdailles.

— Allez vous-en ! allez vous-en ! dit Catherine en entrant dans la chambre et en fermant la porte avec violence. Cette seconde porte était soigneusement matelassée comme la première, et Mme d'Houdailles ne put rien entendre. Elle sortit de cet appartement pour rentrer chez elle et se glissa légèrement, comme elle avait fait, le long du couloir, et arriva jusqu'à sa porte. Mais au moment d'entrer il lui sembla entendre du bruit dans sa propre chambre, et elle s'arrêta épouvantée. Certainement on y marchait à tâtons et en même temps on parlait à voix basse.

— Ne vous cachez pas, Clara, disait cette voix... n'ayez pas peur... c'est moi... Arthur.

Puis on s'arrêtait comme pour attendre une réponse, et, comme elle ne venait pas, on recommençait la perquisition. Mme d'Houdailles, qui d'abord avait éprouvé une véritable terreur, ressentit en ce moment une vive indignation contre l'insolente audace de cet homme. Elle avait envie d'appeler; mais à qui demander protection dans cette maison? A son frère plongé dans un état d'anéantissement effroyable, et que la vue d'Arthur de Cancel pouvait tuer ou pousser à un crime? A sa belle-sœur, complice de cet homme? A des domestiques, pour ajouter un scandale de plus aux scandales dont ils étaient sans doute témoins? Le seul parti à prendre était de se retirer dans quelque appartement éloigné, et d'attendre que cet homme fatigué d'une recherche inutile se retirât aussi. Mais dans cette saison de l'année le jour arrive vite et déjà les premières lueurs commençaient à éclairer les fenêtres du couloir où se trouvait Mme d'Houdailles. Or, il pouvait plaire à cet homme d'attendre assez pour qu'un jardinier le vît sortir par la fenêtre peu élevée de cet appartement, et c'était encore pis que d'avertir. Au milieu de ces cruelles alternatives, Mme d'Houdailles entendit le bruit d'un briquet, puis elle entendit le grincement d'un flambeau sur le marbre, on venait d'allumer une bougie. Cet excès d'audace fit sur Mme d'Houdailles une telle impression, que sans calculer ni hésiter davantage elle ouvrit brusquement la porte et se trouva en face de M. de Cancel. La colère lui avait donné une telle expression que celui-ci qui s'était vivement avancé vers elle, recula en la voyant.

— Sortez, lui dit à haute voix Mme d'Houdailles, sortez, ou j'appelle pour vous faire chasser comme un laquais ou arrêter comme un malfaiteur.

M. de Cancel prit un air digne et sérieux, et lui répondit froidement :

— Je suis ici de votre aveu, madame.

— De mon aveu !

— Vous avez reçu la lettre que je vous ai écrite. Vous l'avez reçue, ajouta-t-il, et vous l'avez lue, car je vois ouvert sur cette table le volume qui sert à expliquer le chiffre. Je vous disais dans cette lettre que si à l'heure où tout le monde serait retiré je voyais s'éteindre votre bougie sans que votre croisée se fermât, je prendrais ce signal pour un consentement de me recevoir.

— C'est vrai, monsieur, dit Mme d'Houdailles, et il a fallu un cruel concours de circonstances pourque ,rentrée chez moi et pressée d'en sortir, j'aie oublié de fermer cette fenêtre en emportant ma bougie.

ais mon absence doit prouver que je ne voulais pas ce qui est arrivé. Retirez-vous donc, je vous l'ordonne.

—N'avez-vous donc rien à me dire, Clara? reprit M. de Cancel d'un ton triste et suppliant.

Mme d'Houdailles parut hésiter devant cet accent désespéré qui démentait complétement l'inconvenante audace de sa démarche. Puis elle ajouta avec une noble franchise :

—Pardon, monsieur, j'aurais voulu vous parler, mais pas ici et pas à cette heure.

— Ailleurs, c'est difficile, dit Cancel; à une autre heure, c'est impossible, car tous vos pas sont épiés, et une absence d'une demi-heure serait comprise et devinée.

— Qui donc, s'écria Mme d'Houdailles avec hauteur, osé s'attribuer un pareil droit?

Arthur baissa la tête sans répondre, et Mme d'Houdailles continua :

— Je devine, monsieur : cette jalousie qui m'a déjà sacrifiée existe encore toute puissante.

— C'est plus que de la jalousie, Clara, c'est une vengeance, car elle sait, elle comprend que je vous aime toujours.

—Vous, son amant! s'écria Mme d'Houdailles dont le cœur se souleva d'une indignation où l'amour blessé parlait encore plus que la dignité du caractère.

— Sa haine pour vous en est la meilleure preuve.

— Il m'importe peu de savoir ce que s'imagine la folle jalousie de Claire, dit Mme d'Houdailles; mais, si vous êtes un homme d'honneur, vous briserez des liens qui portent le désordre dans une famille et qui tueront, c'est le mot, mon malheureux frère.

— Je ne le puis, dit Arthur d'un air sombre, à moins que vous-même ne vous sentiez capable du plus héroïque sacrifice.

— Pour sauver mon frère je pourrai tout.

— Vous êtes veuve, Clara; vous êtes libre. J'ai un nom honoré dans le monde.

— Sortez, monsieur; sortez, s'écria vivement la marquise.

— Ecoutez-moi.

— Sortez, répondit Mme d'Houdailles avec une telle colère que M. de Cancel l'ayant saluée sans répondre, passa rapidement devant elle et quitta la chambre en sortant par la porte. Et elle entendit peu à peu le bruit de ses pas se perdre dans le château.

Un Esprit de quarante ans.

XVIII.

Mme d'Houdailles était restée un moment anéantie devant tant d'audace. Enfin elle se décida à prendre un moment de repos; mais l'inquiétude que lui causait l'état de son frère, la position étrange où elle se trouvait, éloignèrent long-temps le sommeil. Ce ne fut que dans la matinée que la fatigue l'emporta, et la journée était déjà assez avancée lorsqu'elle s'éveilla. La marquise sonna.

La haine de la servante a d'admirables instincts pour se venger de ses maîtres. En effet, à peine la chambrière fut-elle entrée, qu'elle s'empressa de demander des nouvelles de madame. Madame paraissait bien fatiguée; madame avait donc passé une bien mauvaise nuit. Ce n'était pas étonnant, car on ne pouvait dormir dans ce château, où l'on entendait toute la nuit des allées et venues.

Ce commérage allait son train et menaçait de continuer avec une effrayante rapidité lorsque Mme d'Houdailles dit à la leste chambrière :

— Ce n'est pas vous, ce me semble, qui entrez chez moi le matin quand je sonne; c'est Lise.

Lise était la grosse et fidèle Auvergnate qu'on a déjà vue au commencement de cette histoire.

— C'est vrai, dit la femme de chambre parisienne; mais j'avais pensé que madame voulait se faire coiffer et habiller sur-le-champ, car il est si tard.

— Quand j'aurai besoin de vos services, je vous le ferai dire, reprit Mme d'Houdailles. Envoyez-moi Lise.

La chambrière se retira et Lise arriva bientôt, et la marquise fut on ne peut plus surprise des gros yeux fâchés qu'elle promena autour de la chambre en entrant.

— Eh bien, qu'as-tu? lui dit sa maîtresse.

— Je n'ai rien, fit celle-ci d'un ton bourru.

— Ah çà, dit Mme d'Houdailles, explique-toi; qu'y a-t-il, que se passe-t-il?

—Est-ce que je sais ce qui se passe, moi, dit Lise; je croyais que la nuit était faite pour dormir, et je dormais, pendant que...

—Pendant que... répéta Mme d'Houdailles en se levant avec colère, t'expliqueras-tu?...

—Dam, madame, fit Lise, c'est le valet de chambre de M. du Luc qu'a dit ça... qu'un monsieur était sorti de votre chambre à ce matin.

— Horreur! s'écria Mme d'Houdailles,

je suis tombée dans de pareils propos ! Envoyez chercher des chevaux, je pars dans une heure, à l'instant même, je quitte cette maison.

— Mais, madame...

— Pas un mot de réponse : je pars, je veux partir.

Lise sortit et Mme d'Houdailles demeura seule; alors seulement elle se laissa aller à pleurer; maudissant M. de Cancel et surtout sa belle-sœur, désespérée d'abandonner son frère, prévoyant un dénoûment tragique aux intrigues coupables de Claire, mais ne se sentant pas le courage de s'y mêler pour les faire cesser au prix de son honneur et de son repos. Elle était véritablement désespérée, car elle ne voyait pas que sa fuite fût une justification et l'idée lui vint tout-à-coup que s'il plaisait à M. de Cancel de partir comme elle, sa fuite deviendrait un motif d'accusation de plus. Dans une telle conjoncture, Mme d'Houdailles ne voulut pas quitter le château sans laisser à quelqu'un l'explication de sa conduite. A son frère? c'était impossible; à sa belle-sœur? c'était inutile; à Victor? pouvait-elle se mettre sous la protection d'un enfant? à M. du Luc? il était trop habile à tirer parti du moindre avantage qu'on pourrait lui laisser prendre; et une femme comme Mme d'Houdailles, se confiant à lui, ferait bien plus que se compromettre : elle s'engagerait. Restait M. de Sommerive, homme d'un âge déjà mûr, dans une position grave, élevée, d'un caractère estimé, d'un esprit sage, réunissant enfin toutes les qualités probables d'un confident. Mme d'Houdailles le choisit, et le fit prier de monter chez elle.

Lorsque M. Sommerive arriva, il était embarrassé et avait un air de retenue pincée qui dès l'abord donna à la marquise le regret d'avoir fait cette démarche. Mais le premier pas était fait, et reculer eût été plus maladroit que de se confier à M. de Sommerive; Mme d'Houdailles aborda donc franchement la question.

— Vous savez sans doute ce qui se passe ici, monsieur?

— Non, madame, non, je l'ignore absolument.

— Vous n'avez rien entendu dire sur mon compte, monsieur? reprit la marquise avec autorité.

— Je fais très peu d'attention aux propos qui se tiennent autour de moi, madame.

La marquise regarda long-temps M. de Sommerive, qui se tenait précieusement enfermé dans un air mystique et glacé. Cet air voulait dire absolument : Madame, je puis encore rester poli vis-à-vis de vous en ayant l'air de ne rien savoir ; mais mon opinion est faite, et je ne suis pas homme à me laisser duper par de fausses protestations, si habilement qu'elles soient faites.

Mme d'Houdailles le comprenait ainsi, car elle s'inclina lentement en disant :

— Veuillez m'excuser, monsieur, je me suis trompée. Recevez aussi mes adieux.

— Quoi ! vous partez, madame ! s'écria M. de Sommerive.

— J'attends des chevaux, monsieur, et dans une heure je ne serai plus ici.

M. de Sommerive parut si frappé de cette soudaine détermination, elle l'étonnait à un point qu'il considérait Mme d'Houdailles comme quelqu'un qui a perdu l'esprit. Enfin il lui dit :

— Permettez-moi de vous demander si vous avez bien réfléchi à un pareil départ, si vous ne cédez pas à l'entraînement d'un sentiment trop vif.

La marquise se méprit au sens de ce dernier mot et répondit ;

— La colère est une mauvaise conseillère, je le sais, monsieur. Mais ce premier mouvement passé me laisse encore dans la résolution de quitter ce château.

La figure de M. de Sommerive changea de surprise et il répondit :

— C'est la colère qui vous fait partir ?

Mme d'Houdailles le regarda de la tête aux pieds, et après un moment de silence elle lui dit :

— Oui, monsieur, la colère ou, si vous l'aimez mieux, l'indignation, ou, si vous le voulez encore, la honte que j'éprouve de ce qui se fait, de ce qui se dit et peut-être aussi de ce qui se passe.

Cette déclaration fit tout aussitôt l'effet nécessaire en pareille circonstance. Le sévère M. de Sommerive, qui semblait ne pas vouloir de la confidence de Mme d'Houdailles, fut pris du plus violent désir de l'entendre ; et au lieu de se retirer comme lui ordonnaient le geste et la parole de la marquise, il répondit :

— Cependant, madame, cet entretien avait un but ?

— Auquel, monsieur, je ne crois pas pouvoir arriver, et par conséquent cet entretien est inutile.

— Mais, madame, reprit M. de Sommerive, qui peut vous faire croire à cette inutilité? Vous ne doutez pas, je l'espère, de mon empressement à faire tout ce qui peut vous être agréable.

Mme d'Houdailles sourit d'un air ironique et repartit :

— Eh bien ! monsieur, puisque vous désirez faire quelque chose qui me soit agréable, soyez assez bon pour présenter mes adieux à Mme Ménier, et m'excuser auprès d'elle de mon départ précipité.

— Mais, madame, dit Sommerive, Mme Ménier sera désolée, et j'ose vous conseiller de ne pas partir.

— Nous ne nous comprenons pas, à ce que je vois, monsieur ; une seconde fois, veuillez m'excuser de vous avoir dérangé.

Tout-à-coup la porte de l'appartement s'ouvrit vivement, et Mme Ménier parut.

Femme et Sœur.

XIX.

Mme Ménier était pâle ; sa figure, d'ordinaire si souriante, avait une expression menaçante ; ses yeux brillaient d'une colère qu'elle ne pouvait dominer. A l'aspect de M. de Sommerive elle se contint et essaya de reprendre le ton doux et caressant avec lequel elle parlait sans cesse ; mais sa voix hésitait et tremblait lorsqu'elle dit :

— Que vient-on de me dire, chère Clara, vous partez ?

La marquise eut peur d'une explication avec Mme Ménier, et dit à M. de Sommerive, qui s'inclinait pour sortir :

— Demeurez, monsieur, nous n'avons rien à nous dire, ma sœur et moi, que vous ne puissiez entendre.

M. de Sommerive s'arrêta ; Mme Ménier lui lança un regard qui le fit trembler.

— Je ne savais pas que M. de Sommerive, dit-elle, fût le confident de vos projets de fuite.

— Je les lui apprenais à l'instant où vous êtes entrée, dit la marquise.

— Et vous lui en avez sans doute dit le but?

— Je ne lui en ai pas dit les raisons, reprit Mme d'Houdailles avec une dignité glacée.

— Je suis ravie d'être venue à temps pour les apprendre.

— Je m'imaginais que vous les connaissiez, dit Mme d'Houdailles en clouant pour ainsi dire sa parole par un regard menaçant au front de Mme Ménier.

Mais l'exaspération de celle-ci ne sentait plus de frein, et elle repartit :

— Doit-on fuir ainsi ses anciens amis après deux jours ! Cela n'est pas bien... à moins que ce ne soit pour aller en retrouver de plus chers.

Tant d'audace confondit Mme d'Houdailles, qui demeura un moment muette tandis que M. de Sommerive l'examinait comme s'il voyait enfin aborder la véritable question. Il parut avoir pitié de l'embarras de Mme d'Houdailles et dit doucement :

— Aussi vous disais-je, madame, qu'il valait mieux ne pas partir.

— Ah ! dit Mme d'Houdailles avec une indignation véritable, c'était là le sens que vous donniez au sentiment qui m'entraînait ?

— Madame... dit M. de Sommerive.

— Je n'ai qu'une chose à répondre à vous et à d'autres, monsieur, c'est que rien ne m'appelle hors d'ici, mais quelque chose m'en chasse.

— Que voulez-vous dire? s'écria Mme Ménier en prenant une attitude de tristesse désolée ; la maison de votre frère vous paraît-elle insupportable parce qu'un accident plus rare que vous ne pensez peut-être est venu hier interrompre vos plaisirs ? Vous saviez cependant ce qui en était.

— Ah ! Claire lui dit Mme d'Houdailles avec amertume, est-ce ainsi que vous traduisez une résolution...

— Qui est une offense pour nous, Clara, dit Mme Ménier, car si rien ne vous appelle hors d'ici, si quelque chose vous en chasse, qu'est ce-donc, si ce n'est pas le déplorable état de votre frère ?

Mme d'Houdailles parut prête à céder à l'indignation que lui causait cette ruse impudente ; mais elle se contint en pensant à M. Ménier ; plus calme, elle répondit :

— Ma résolution est inébranlable ; je laisse à chacun à lui donner l'explication qui lui paraîtra la plus utile à ses intérêts.

— Comme il vous plaira, ma chère, dit Mme Ménier ; mais n'oubliez pas que si cette explication est peu bienveillante, vous aurez mis vos amis dans l'impossibilité d'y répondre.

— Je n'attends de protection de personne dit Mme d'Houdailles, et je n'en ai pas besoin.

La porte s'ouvrit de nouveau, et Lise entra en disant :

— Madame, les chevaux seront ici dans une demi-heure.

— C'est bien, dit la marquise, je serai prête.

Mme Ménier s'approcha de sa belle-sœur, et, lui prenant la main avec une sorte de rage convulsive, elle lui dit à voix basse.

— Ce n'est pas possible, Clara, vous ne partirez pas !

Je partirai, madame !

— Vous avez rencontré M. de Cancel, vous l'avez vu cette nuit ; je le sais, j'en suis sûre ; vous voulez fuir ensemble, reprit Mme Ménier les dents serrées, les lèvres tremblantes et la voix sifflante : vous ne partirez pas, ou vous m'écraserez sous les roues de votre voiture.

Cette menace, l'expression égarée de Mme Ménier épouvantèrent la marquise ; elle fit un signe à M. de Sommerive, qui sortit.

— Claire, dit la marquise, vous êtes folle !

— Un mot, et je verrai ce qui me reste à faire, lui dit Mme Ménier : partez-vous avec lui, oui ou non ?

— Je pars seule, et je ne reverrai volontairement M. de Cancel de ma vie.

— Volontairement ! répéta Mme Ménier.

— Je ne suis pas à l'abri d'une persécution, et je puis le rencontrer malgré moi, comme je l'ai rencontré ici, dans ma chambre, cette nuit.

— Oh ! misérable que je suis ! dit Mme

Ménier avec une douleur forcenée ; il vous aime encore, il vous aime toujours !

— Eh bien ! reprit Mme d'Houdailles, sachez le traiter comme il le mérite, rompez avec un homme qui n'est pas digne de vous !

— Pour qu'il vous puisse aimer, n'est-ce pas ? dit Mme Ménier ; pour que vous deveniez sa femme, car vous l'aimez encore aussi... vous l'aimez... n'est-ce pas ? Et ses yeux dévoraient la marquise.

Mme d'Houdailles n'avait jamais vu passer devant elle ces passions violentes, excessives, qui ne connaissent plus aucun frein, qui n'écoutent aucune raison ; elle s'indigna contre la supposition que renfermaient les dernières paroles de Mme Ménier.

— Que je l'aime ou non, il y a un abime entre nous.

— Folle ! lui dit Mme Ménier, vous vous croyez forte contre votre amour. Vous le serez un jour, un mois ; mais quand il s'attachera à vos pas à toutes les heures, à tous les instans, vous finirez par l'écouter, et quand vous l'écouterez, il sera justifié.

— Je vous ai déjà dit que je ne reverrais jamais M. de Cancel.

— Eh bien, reprit Mme Ménier, donnez-moi un gage de votre bonne foi. Mariez-vous.

La proposition parut si outrageante à Mme d'Houdailles qu'elle ne put s'empêcher de lui répondre :

— Croyez-vous donc que le mariage soit une garantie inviolable contre un amour tel que celui que vous me supposez?

— Je vous comprends. Vous me reprochez ma faute, Clara, lui dit Mme Ménier; vous êtes bien fière parce que la vertu vous a été facile. Vous n'étiez pas enchaînée à un malheureux...

— Une pareille explication serait trop affreuse, dit Mme d'Houdailles ; veuillez m'en dispenser.

— Oh! que vous êtes bien comme toutes vos pareilles ! Femmes sans cœur, impitoyables parce qu'elles n'aiment rien, et qui sont si heureuses de condamner, qu'elles refusent d'entendre.

— Je ne vous juge pas, Claire, dit plus doucement la marquise, je ne veux pas vous juger; mais vous comprenez vous-même que j'aurais mieux fait de ne pas venir, et qu'il est nécessaire que je parte.

—Mais il part aussi, madame, et vous le saviez ! s'écria Mme Ménier.

— Mais enfin, reprit Mme d'Houdailles, suis-je donc l'esclave de vos caprices jaloux ! Je partirai parce que cela me plaît, parce que je le dois, parce que je ne veux pas être en butte aux espionnages de vos valets et aux propos de vos amis.

Mme Ménier eut un mouvement furieux de rage impuissante, mais elle se calma soudainement et reprit d'un ton larmoyant :

— Et que dirai-je à mon mari pour lui expliquer votre départ ?

— Ce que vous voudrez, vous pourrez même m'accuser à votre aise.

— Il ne me croira pas, et Dieu sait ce qui m'en arrivera !

— Eh bien ! madame, dit la marquise d'un air résolu, j'irai moi-même lui apprendre mon départ, et je me charge de le lui faire comprendre comme venant de motifs qui vous sont tout à fait étrangers.

A l'instant même on annonça que les chevaux venaient d'arriver, et Mme d'Houdailles quitta sa belle-sœur en lui disant qu'elle allait se rendre auprès de M. Ménier.

Dans un moment de vivacité la marquise avait promis à Mme Ménier plus qu'elle n'eût voulu. En effet, à peine fut-elle à la porte de l'appartement de son frère qu'elle sentit le courage lui faillir. Quel prétexte prendre, quelle raison donner?

Elle laissa un peu au hasard à la servir et entra dans la chambre de M. Ménier. Il était debout derrière le carreau d'une fenêtre qui avait vue sur les communs du château. En entendant entrer quelqu'un il se retourna et reconnut sa sœur. Elle fut épouvantée de l'horrible pâleur de ses traits, de l'air de désespoir sombre qui avait succédé à son expression habituelle de bonhomie.

— Ainsi tu pars? lui dit-il en s'approchant d'elle.

Cette interpellation directe surprit la marquise, qui balbutia, et à laquelle M. Ménier dit avant qu'elle eût le temps de répondre :

— Tu pars, je le sais, et je sais pourquoi. Tu fais bien, tu n'as pas autre chose à faire, et je t'en remercie.

Il lui prit la main et ajouta plus tristement encore :

— Adieu pour long-temps, adieu pour toujours, peut-être !

— Oh ! je reviendrai, dit Mme d'Houdailles avec des larmes.

M. Ménier ne répondit que par un sourire glacé.

— Mais, lui dit Mme d'Houdailles consternée, si tu dois m'en vouloir ainsi, je resterai, je vais rester.

—Rester! s'écria M. Ménier avec une colère qui fit tressaillir sa sœur : non, non, il faut que tu partes, c'est la condition nécessaire. Ils t'ont forcée de quitter le château, ils t'ont chassée de chez moi ; mon tour est venu, je suis libre à présent, et ce sera bientôt fait.

—Que veux-tu dire, Edouard? reprit Mme d'Houdailles; que signifient ces paroles?

—Rien, rien, dit M. Ménier en haussant les épaules.

Mme d'Houdailles le regarda avec une terreur inquiète dont M. Ménier s'aperçut.

—Ah! lui dit-il avec une amère tristesse, n'aie pas peur : le démon n'est pas toujours avec moi; je ne suis pas fou... Mais c'est affreux, ma pauvre sœur, d'avoir rêvé un peu d'amitié près de moi après quinze ans de solitude, et de tout perdre...

—Est-ce pour moi que tu parles ainsi, pauvre frère? Est-ce mon amitié dont tu doutes? Oh bien, je resterai, je resterai malgré toi!

—Non, Clara, non, ne reste pas. Pourquoi serais-tu le témoin d'une catastrophe inévitable.

— Mon frère!...

— Tu n'es ni une femme sans courage ni une femme sans raison ; tu dois prévoir la fin de tout ceci, et tu combattrais mes projets par des paroles, que tu les approuverais au fond de l'ame. D'ailleurs, toutes mes dispositions sont prises et personne n'aura à se plaindre de moi.

La marquise ne savait pas assez à quel genre de mal elle avait à faire; elle considérait son frère comme un homme dont la raison commence à s'altérer, et ne voulant pas discuter avec lui, mais frapper son esprit par une vive émotion, elle ouvrit la fenêtre et cria à Lise, qui était dans la cour :

— Renvoyez les chevaux, je ne pars pas !

M. Ménier en effet parut interdit de cette brusque résolution, mais après un moment de silence il reprit :

— N'importe ! c'est résolu.

Et avant que sa sœur eût eu le temps de lui demander l'explication de ces paroles, il sonna et dit au domestique qui parut :

— Je vais m'habiller et sortir ; qu'on mette des chevaux à une voiture. Priez M. le vicomte du Luc de m'attendre, j'ai à lui parler.

Il se tourne ensuite vers sa sœur et lui dit affectueusement :

— Avant de sortir, je te verrai, Clara.

— Tu me le promets ? lui dit celle-ci.

— Je te le jure.

FIN DU PREMIER VOLUME

TABLE

DU PREMIER VOLUME.

I. — LE MAITRE DU CHATEAU.	1
II. — LA MAITRESSE DU CHATEAU ET LES VISITEURS.	15
III. — HISTOIRE DE FAMILLE.	33
IV. — LA BELLE MARQUISE A MARIER.	45
V. — PRÉLIMINAIRES D'ATTAQUE.	57
VI. — TRENTE ET QUARANTE ANS.	73
VII. — VINGT ANS.	89
VII. — CONSEILS.	107
IX. — LE BAL.	127
X. — LA VALSE.	137

XI. — DÉCLARATION DE GUERRE.		151
XII. — ELLE N'IRA PAS.		165
XIII. — TÊTE-A-TÊTE EN CALÈCHE.		185
XIV. — UN ACCIDENT DE CHASSE.		197
XV. — UNE GOUTTE DE SANG.		219
XVI. — LA BALLADE.		237
XVII. — VISITES NOCTURNES.		257
XVIII. — UN ESPRIT DE QUARANTE ANS.		277
XIX. — FEMME ET SOEUR.		291

FIN DE LA TABLE DU PREMIER VOLUME.

www.ingramcontent.com/pod-product-compliance
Lightning Source LLC
Chambersburg PA
CBHW071508160426
43196CB00010B/1453